江苏省高速公路改扩建
混凝土桥梁维修加固施工标准化指南

江苏省交通工程建设局
江苏现代路桥有限责任公司　编著

人民交通出版社
北京

图书在版编目(CIP)数据

江苏省高速公路改扩建混凝土桥梁维修加固施工标准化指南/江苏省交通工程建设局,江苏现代路桥有限责任公司编著. — 北京:人民交通出版社股份有限公司,2025.1. — ISBN 978-7-114-19940-0

Ⅰ.U448.145.7-62

中国国家版本馆CIP数据核字第2024JZ5416号

书　　名:	江苏省高速公路改扩建混凝土桥梁维修加固施工标准化指南
著　作　者:	江苏省交通工程建设局
	江苏现代路桥有限责任公司
责任编辑:	李学会
责任校对:	卢　弦
责任印制:	张　凯
出版发行:	人民交通出版社
地　　址:	(100011)北京市朝阳区安定门外外馆斜街3号
网　　址:	http://www.ccpcl.com.cn
销售电话:	(010)85285857
总 经 销:	人民交通出版社发行部
经　　销:	各地新华书店
印　　刷:	北京市密东印刷有限公司
开　　本:	880×1230　1/16
印　　张:	12.25
字　　数:	271千
版　　次:	2025年1月　第1版
印　　次:	2025年1月　第1次印刷
书　　号:	ISBN 978-7-114-19940-0
定　　价:	90.00元

(有印刷、装订质量问题的图书,由本社负责调换)

《江苏省高速公路改扩建混凝土桥梁维修加固施工标准化指南》编写委员会

主编单位： 江苏省交通工程建设局

参编单位： 江苏现代路桥有限责任公司

撰 稿 人： 袁守国　吴宇晟　孟令国　刘　发

　　　　　　胡　健　陈光伟　刘志国　安景锋

　　　　　　张建东　郭赵元　厉广广　柳　林

　　　　　　吴志强　汤啸天　杨　洋　陈　军

　　　　　　李相辉　张德龙　马永磊　杨　斌

　　　　　　孙　童　马千越　石惠铎

审 稿 人： 周　进　江　臣　茅　荃　黄　侨

　　　　　　吴建平　刘世同　高明生

前 言

随着我国社会经济的迅速发展,高速公路网规模不断扩大,截至 2023 年底,全国高速公路通车里程达到 18.36 万 km,江苏省高速公路通车里程约 5100km,高速公路桥梁约 6200 余座。江苏省早期建成通车的高速公路,由于交通流量急剧增加,高速公路改扩建逐渐成为当前乃至今后一段时间内的主要建设任务。

作为江苏交通基础设施建设的主力军,江苏省交通工程建设局长期奋战在高速公路建设的主战场,并承担了京沪高速公路沂淮淮江段、沪武高速公路太仓至常州段、沪陕高速公路平潮至广陵段等高速公路改扩建工程建设任务,积累了比较丰富的管理经验。为进一步推动高速公路改扩建混凝土桥梁维修加固施工标准化,江苏省交通工程建设局联合江苏现代路桥有限责任公司编制了《江苏省高速公路改扩建混凝土桥梁维修加固施工标准化指南》,以提升江苏省高速公路桥梁维修加固施工质量,并为类似项目的桥梁维修加固施工提供借鉴。

本指南共 14 章,内容涵盖高速公路混凝土桥梁的典型维修加固技术,包括概要、通用维修技术、混凝土梁铰缝维修、空心板梁腔内维修、粘贴钢板加固、粘贴碳纤维布加固、体外预应力加固、预应力纤维板加固、纤维网格加固、空心板梁更换、支座更换、伸缩缝更换、桥梁上部结构整体抬升及现场安全与环境保护等内容。

本指南针对江苏省高速公路改扩建工程与桥梁维修加固工程的特点和难点,在常规维修加固方法的基础上,吸纳了较为成熟的国内外工程建设经验和研究成果。内容编写上,针对各种维修加固施工方法,详细介绍了其适用范围、工艺流程、技术要点及质量检验等要求,并提供了丰富的现场照片,以提高指南的全面性、先进性和可操作性,旨在为建设单位、设计单位、施工单位、监理单位及养护单位的桥梁维修加固设计、施工及质量管理提供参考与借鉴。

由于编者水平有限,难免有疏漏和不足之处,各有关单位和从业人员在使用本书时,如发现问题或有改进意见,请函告江苏省交通工程建设局(地址:南京市石鼓路 69 号江苏交通大厦;邮编:210004)或江苏现代路桥有限责任公司(地址:南京市玄武区中山东路 291 号汉府大厦;邮编:210000)。

江苏省交通工程建设局
江苏现代路桥有限责任公司
2024 年 8 月

目　录

第 1 章　概要 … 1
1.1　总则 … 1
1.2　适用范围 … 1
1.3　基本规定 … 1

第 2 章　通用维修技术 … 3
2.1　混凝土裂缝处理 … 3
2.2　混凝土破损维修 … 7
2.3　植筋（锚栓） … 12
2.4　混凝土增大截面 … 18
2.5　钢构件防腐处理 … 22
2.6　混凝土防护涂装 … 29

第 3 章　混凝土梁铰缝维修 … 35
3.1　一般规定 … 35
3.2　施工流程及方法 … 35
3.3　质量检验 … 39

第 4 章　空心板梁腔内维修 … 41
4.1　一般规定 … 41
4.2　施工流程及方法 … 41
4.3　质量检验 … 48

第 5 章　粘贴钢板加固 … 50
5.1　一般规定 … 50
5.2　施工流程及方法 … 50
5.3　质量检验 … 55

第 6 章　粘贴碳纤维布加固 … 56
6.1　一般规定 … 56
6.2　施工流程及方法 … 56

6.3 质量检验	60
第 7 章 体外预应力加固	**62**
7.1 一般规定	62
7.2 施工流程及方法	62
7.3 质量检验	69
第 8 章 预应力纤维板加固	**72**
8.1 一般规定	72
8.2 施工流程及方法	72
8.3 质量检验	80
第 9 章 纤维网格加固	**81**
9.1 一般规定	81
9.2 施工流程及方法	81
9.3 质量检验	89
第 10 章 空心板梁更换	**91**
10.1 一般规定	91
10.2 施工流程及方法	91
10.3 质量检验	96
第 11 章 支座更换	**98**
11.1 一般规定	98
11.2 施工流程及方法	98
11.3 特殊情况下的支座更换	110
11.4 质量检验	117
第 12 章 伸缩缝更换	**119**
12.1 一般规定	119
12.2 施工流程及方法	119
12.3 质量检验	126
第 13 章 桥梁上部结构整体抬升	**128**
13.1 一般规定	128
13.2 施工流程及方法	128
13.3 质量检验	138
第 14 章 现场安全与环境保护	**140**
14.1 一般规定	140

14.2　现场安全 …………………………………………………………… 140

　　14.3　环境保护 …………………………………………………………… 148

　　14.4　涉路作业 …………………………………………………………… 151

附录 A　维修与加固用胶粘剂 …………………………………………………… 157

附录 B　钢构件与混凝土防腐用材料 …………………………………………… 164

附录 C　混凝土基面含水率测定方法 …………………………………………… 170

附录 D　混凝土基面平整度测定方法 …………………………………………… 172

附录 E　粘贴钢板和碳纤维布面积测定方法 …………………………………… 174

附录 F　纤维网格拉伸性能测定方法 …………………………………………… 176

附录 G　支座垫石高差测定方法 ………………………………………………… 178

附录 H　支座四角高差测定方法 ………………………………………………… 180

参考文献 ……………………………………………………………………………… 182

第1章 概　要

1.1 总则

为规范高速公路改扩建桥梁维修加固施工,保障桥梁维修加固工程施工质量,提高建设管理水平,实现桥梁维修加固施工技术标准化,编制本指南。

1.2 适用范围

本指南适用于高速公路改扩建的常规混凝土桥梁维修加固,不适合斜拉桥、悬索桥等特殊结构桥梁。

本指南涉及的桥梁维修加固方法分为维修、加固和更换三个部分。包括通用维修技术(混凝土裂缝处理、混凝土破损维修、混凝土植筋、混凝土增大截面维修、钢构件防腐处理、混凝土防护涂装)、混凝土梁铰缝维修、空心板梁腔内注浆维修;粘贴钢板加固、粘贴碳纤维布加固、体外预应力加固、预应力纤维板加固、纤维网格加固;空心板梁更换、支座更换、伸缩缝更换、桥梁上部结构整体抬升及现场安全与环境保护等。其中,各项维修加固更换技术包括一般规定、施工流程、施工方法、质量检验等内容。

本指南可为建设单位、设计单位、施工单位、监理单位及养护单位的桥梁维修加固设计、施工及质量管理提供参考。

1.3 基本规定

(1)高速公路桥梁维修加固施工应遵循"安全至上、质量第一、绿色环保"的原则。

(2)高速公路桥梁维修加固施工前应对既有桥梁进行检查与评估,根据实际病害及损伤状况,制定合理的维修加固方案。

(3)原结构受力体系发生改变或承载能力需要提升的桥梁加固应做专项设计并进行结构安全性验算,必要时进行专家论证。

(4)高速公路桥梁维修加固施工方法应综合考虑既有桥梁的技术状况、现场施工条件、气候环境条件等因素。

(5)高速公路桥梁维修加固施工应保证现场安全,同时做到节能环保,积极应用新技术、新工艺、新材料、新设备。

(6)本指南中的相关加固和更换施工,原则上应编制专项施工方案,必要时组织专家论证。

（7）本指南中的相关施工工艺应进行现场技术交底，并实行首件工程认可制。

（8）高速公路桥梁维修加固施工应符合现行《公路桥梁加固设计规范》（JTG/T J22）、《公路桥梁加固施工技术规范》（JTG/T J23）和《公路养护工程质量检验评定标准 第一册 土建工程》（JTG 5220）等相关标准规范的规定。

第2章 通用维修技术

2.1 混凝土裂缝处理

2.1.1 一般规定

(1) 混凝土裂缝一般可分为结构性裂缝和非结构性裂缝。对于结构性裂缝，应分析其成因并复核设计符合性；对于非结构性裂缝，为保障结构耐久性应及时进行封闭处理。

(2) 混凝土裂缝处理应根据裂缝宽度采取相应维修方法。当裂缝宽度 < 0.15mm 时，采用表面封闭法；当裂缝宽度 ≥ 0.15mm 时，采用压力灌注法。

(3) 现场裂缝检查时应对典型裂缝走向进行标注，并标示起止位置和日期，施工完成后应记录裂缝维修类型、维修长度及施工日期。

(4) 采用压力灌注法修复结构性裂缝时，宜进行必要的交通管制。

2.1.2 施工流程

混凝土裂缝处理方法的选择应根据裂缝特点综合考虑，包括裂缝的类型、位置、宽度、深度、产生原因等，同时还应考虑桥梁的结构类型、环境条件、维修成本等，保障处理方法的有效性和经济性，并应采取有效措施防止裂缝进一步发展。

采用表面封闭法和压力灌注法的混凝土裂缝处理施工如图 2-1-1 所示。

a) 表面封闭法　　　　　　　　　　b) 压力灌注法

图 2-1-1　混凝土裂缝处理施工

混凝土裂缝处理施工工艺流程如图 2-1-2 所示。

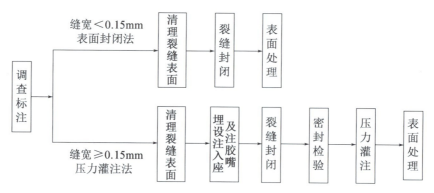

图 2-1-2　混凝土裂缝处理施工工艺流程图

2.1.3　施工准备

1）材料要求

（1）混凝土裂缝处理采用的灌缝胶、封缝胶等材料性能及要求应符合本指南附录 A.1 与 A.2 的相关规定。当施工温度在 10℃ 以下时，封缝胶及灌缝胶应选用冬季型号。

（2）灌缝胶、封缝胶进场时，应对其品种、批号、包装、中文标识、产品合格证、出厂日期、出厂检验报告等进行检查，并按设计和有关规范要求进行检验。

（3）封缝胶应使用成品材料，严禁自行配制。

2）设备要求

根据裂缝处理方法选择相应的维修机具，主要包括打磨机、刮板、抹刀、灌封胶注胶器等，如图 2-1-3 所示。

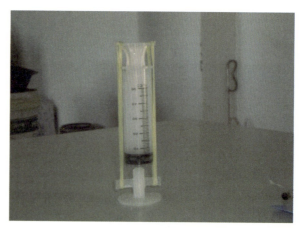

a）打磨机　　　　　　　　　　　　b）灌封胶注胶器

图 2-1-3　机具设备

3）作业要求

（1）裂缝处理施工不应在雨天及空气潮湿条件下进行，宜在天气良好、环境温度 10℃ 以上、湿度 85% 以下时进行，具体可参考修补用材料产品说明书。

（2）开封的胶体材料应在产品使用说明书规定的时间内用完。

2.1.4 裂缝调查及标注

施工前应对裂缝进行全面的调查,核实裂缝数量、长度、宽度等,对裂缝进行标注,并做好记录。标明裂缝走向及起止位置,绘制裂缝分布图,并确定每条裂缝的处治方法。

2.1.5 表面封闭法

1)裂缝表面清理

(1)裂缝缝口表面处理,宜采用电动钢丝刷,对裂缝两侧各30mm以上范围内的混凝土表面进行清理,除去浮灰、松脱物及碳化混凝土表层,露出坚实的混凝土表面,如图2-1-4所示。

(2)用毛刷蘸丙酮或酒精等有机溶液擦拭裂缝表面,使工作面干燥、无油污。

2)涂刷封缝胶

在裂缝两侧混凝土面均匀涂抹一层环氧树脂基液,随后抹嵌一层环氧树脂胶泥(宽度≥50mm,厚度≥2mm)。抹嵌胶泥时应保持表面均匀平整,无小孔和气泡,如图2-1-5所示。

图2-1-4 混凝土表面处理

图2-1-5 涂刷封缝胶

3)压实抹光

涂抹完成后,用铁抹子将表面压实、抹光。

4)信息标注

对施工完成的裂缝标注裂缝维修类型、维修长度及施工日期,如图2-1-6所示。

图2-1-6 裂缝维修信息标注

2.1.6 压力灌注法

1) 裂缝表面处理

用磨光机或钢丝刷等工具,清理结构裂缝处混凝土表面的灰尘、油渍、浮渣及松散层等污物,并用钢钎凿除两侧疏松的混凝土块和砂浆,露出坚实的混凝土表面;随后使用毛刷蘸丙酮或酒精,把裂缝两侧各30mm左右范围擦洗干净,并保持干燥。

2) 粘贴注胶底座

将注胶底座与裂缝居中对齐后用结构胶粘贴,注胶底座应沿裂缝走向布置,间距以200~400mm为宜,一般宽缝宜密布、缝窄宜稀布,且裂缝交叉点、较宽处和端部应设置注胶底座。注胶口应粘贴牢靠且对中,粘贴过程中应避免堵塞,保证压胶通道畅通,如图2-1-7所示。

图2-1-7 粘贴注胶底座

3) 裂缝封闭

灌胶前必须对裂缝(除进浆口和排气口外)进行密封处理。首先在裂缝表面均匀涂刷一层环氧树脂基液,再均匀抹嵌环氧树脂胶泥,宽度约50mm,厚度约2mm,形成封闭带。

4) 灌胶操作

(1) 用注射器吸入灌缝胶,插入注胶底座进行灌胶。灌胶应由低端向高端进行,宜以0.2~0.4MPa的压力注入裂缝,操作过程中应缓慢升压,并保持压力稳定。

(2) 从低端开始压胶后,上部注浆嘴或出浆嘴在排出裂缝内的气体后流出胶液,随后及时封堵注浆嘴,并维持原压力5min以上。静置,待灌缝胶自行固化。

(3) 在注胶过程中应全程有人检查,确保注射器始终有可见余留的胶液,当注射器内胶液不足时应及时补充。

(4) 在注浆过程中满足下列情况之一者,可转入下一个注浆嘴,继续注射,直至整条裂缝注满为止。

①在注胶压力下,上部注浆嘴有胶液流出,应及时以胶泥或用堵头堵孔,封闭上部注浆嘴,并维持原工作压力1~2min。

②存留在注射器中的浆液(不得发热、变稠)5min内未见注入。

5) 后处理及标注

待胶液达到固化时间后,拆除注入座和注射器,将注入座处用环氧胶泥抹平。施工完成的裂缝应标注裂缝维修类型、维修长度及施工日期。

2.1.7 质量检验

1)实测项目

混凝土裂缝处理实测项目见表2-1-1、表2-1-2。

表2-1-1 裂缝表面封闭实测项目

项次	检查项目	规定值或允许偏差	检查方法和频率
1	表面封闭涂敷厚度(μm)	平均厚度大于或等于设计厚度,80%点的厚度大于设计厚度,最小厚度大于或等于80%的设计厚度	测厚仪:每100m²测10个点,且不少于10个点,7d后检查
2	黏结强度(MPa)	满足设计要求	按本指南附录A.2检查

注:项次1封闭面积不满100m²,按100m²处理。

表2-1-2 裂缝灌胶实测项目

项次	检查项目	规定值或允许偏差	检查方法和频率
1	注胶底座间距(mm)	满足设计要求	尺量:检查10%
2	灌胶压力(MPa)	满足设计要求	压力表读数:全部
3	停胶后持压时间(min)	满足设计要求	计时器:全部
4	灌缝饱满程度	饱满	观察芯样、压力机:按设计规定,设计未规定时每检验批取3~5个芯样
5	劈裂抗拉强度	满足设计要求	

2)外观检查

(1)应无漏封闭或漏灌胶的裂缝。

(2)裂缝封闭的表面应平整,无裂缝、脱落,胶泥表面无起泡、空鼓。

(3)封缝胶应无大块堆积和流挂。

2.2 混凝土破损维修

2.2.1 一般规定

(1)当混凝土表面保护层部位出现局部缺损时,可采用批嵌法;当混凝土构件的侧面及底面的表层破损时可采用喷浆法;当混凝土出现较大坑槽或孔洞,且深度超过100mm时,可采用模筑法。

(2)采用喷浆法和模筑法的混凝土表面缺陷修补施工过程中,宜对交通车辆进行适当管制,避免车辆通行振动影响新老混凝土黏结质量。

(3)混凝土表面缺陷处置时,应按照设计要求对裸露的钢筋进行除锈和防腐处理。

（4）批嵌法一般采用结构修补胶或砂浆进行处理。砂浆包括高黏性无收缩的水泥基砂浆、聚合物砂浆。对有开裂风险的部位可掺入纤维复合材料，对有掉落风险的部位可采用轻质砂浆。

（5）修复面宜修整为规则的形状，并对面积大小、修补时间进行标注。

2.2.2 施工流程

混凝土破损维修是指对混凝土结构出现的破损、裂缝、蜂窝、空洞等部位进行修补，以恢复其外观、结构和功能。混凝土破损修补如图2-2-1所示。

a) 修补施工　　　　　　　　　　　　　　b) 修补后效果

图2-2-1　混凝土破损修补

混凝土破损维修施工工艺流程如图2-2-2所示。

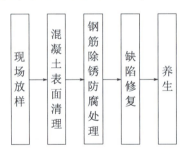

图2-2-2　混凝土破损维修施工工艺流程图

2.2.3 施工准备

1）材料要求

批嵌法可使用高黏性水泥基砂浆、聚合物砂浆、改性环氧砂浆、结构胶等材料，喷浆法与模筑法可采用混凝土材料，其质量应符合现行《公路桥梁加固设计规范》（JTG/T J22）的规定或满足设计要求。

2）设备要求

设备包括切割机、空压机、高压水枪、混凝土或砂浆喷浆机、风镐、抹刀、工具锤、钢丝刷、钢尺等，如图2-2-3所示。具体机具数量可根据现场施工需要确定。

a)空压机　　　　　　　　　　　　b)高压水枪

图 2-2-3　机具设备

3)作业要求

本作业适合在天气良好、环境温度在5℃以上时进行,具体可参考修补所用材料产品说明书。

2.2.4　维修前处理

1)混凝土表面清理

(1)基面处理前应清除混凝土表面剥落、松散、腐蚀等劣化部分及附着物,表面应平整、干燥、清洁、无粉尘。

(2)混凝土表面清理范围应尽量凿成规则的多边形,并保持一定的槽深,修补砂浆边缘的厚度宜不小于20mm,如图2-2-4所示。

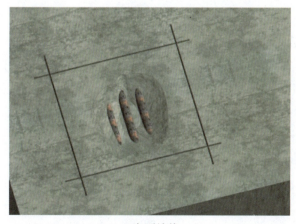 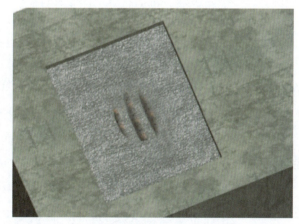

a)表面放线　　　　　　　　　　　b)切线凿毛

图 2-2-4　破损部位前处理

(3)新旧混凝土接合时,旧混凝土面应进行凿毛处理,凿成表面凹凸差不小于8mm且露出至少一半粗集料的新鲜粗糙面,并清理干净。

(4)局部受油污污染的混凝土表面应使用碱液、洗涤剂或溶剂处理,并用淡水冲洗至中性。

(5)不宜使用大功率的设备凿毛,以减少对原结构的损伤。

2) 钢筋除锈阻锈

待混凝土表面清理完成后,外露钢筋表面的锈层可利用钢刷等予以清除,除锈完成后采用保护剂或阻锈剂涂刷或喷涂于钢筋表面,喷刷分两层进行,间隔时间应满足规范要求,如图 2-2-5 所示。钢筋阻锈剂应符合现行《工程结构加固材料安全性鉴定技术规范》(GB 50728)的规定。

2.2.5 批嵌法修补

批嵌法是通过使用高黏性水泥基砂浆或聚合物砂浆等,将混凝土表面损坏的部分进行分层批嵌填补和修整,适用于混凝土桥梁表面的风化、剥落、露筋及小面积的保护层破损等缺陷的修补,如图 2-2-6 所示。

图 2-2-5　喷涂阻锈剂　　　　　图 2-2-6　批嵌法适用场景

批嵌法修补应符合以下规定:

(1)使用水泥基砂浆类修补时,应保持混凝土表面湿润。

(2)使用改性环氧砂浆或结构胶等树脂类材料时,混凝土表面应保持干燥,修补前宜在已凿毛的混凝土表面涂抹环氧胶液,使得旧混凝土表面保持良好的黏结力。

(3)已涂刷环氧胶液的表面,应注意防护,严防杂物、灰尘落在其上,同时应避免扰动已涂刷的环氧胶液。涂刷过程中应力求薄而均匀,对于钢筋与凹凸不平的部位,需进行多次涂刷。

(4)修补材料应采用机械拌和,施工前宜再次人工搅拌,修补材料应按照使用说明书在规定的时间内用完。

(5)修补厚度大于 20mm 时,应分层刮涂。每层应分别压紧、压实,各层之间刮涂应间隔一定时间,间隔时间应根据气温情况确定,以保证材料的初凝性能满足要求。

(6)修补材料终凝前,应采取适当保护措施,避免其表面受雨水、风及阳光直射而造成开裂,水泥基修补材料终凝后应及时采取洒水保湿等养护措施。

2.2.6 喷浆法修补

喷浆法是一种通过高压将混凝土或砂浆喷射至修补部位的施工方法,喷浆材料应满足设计文件要求,宜采用高黏性水泥基砂浆、聚合物砂浆等。

喷浆法修补应符合以下规定:

(1)喷浆前准备充足的原材料,保持作业连续性。

(2)喷浆前1h,应洒水以保持受喷面充分湿润。

(3)喷浆的压力应控制在0.25~0.40MPa,喷头与喷面的距离宜为0.8~1.2m,喷头与喷面应基本保持垂直。

(4)分层喷射时,应在上一层终凝前开始下一层的喷射,若超过终凝时间,应采用铁刷等进行界面拉毛处理,再继续下一层喷射施工。

(5)喷射完工后应及时进行收光等表面处理,并应采取遮阴和保湿等养护措施,如图2-2-7所示。

(6)当设置钢筋网时,钢筋网应和结构修补面进行有效固定。

(7)在需安装模板情况下,应将模板安装牢固,以避免喷射作业的冲击力使模板脱落。

a)修补前　　　　　　　　　　　　b)修补后

图2-2-7　喷浆法缺陷修补

2.2.7　模筑法修补

模筑法是通过在破损部位设置模板、浇筑混凝土,使破损部位得到修复。模筑法修补主要适用于深度较大的混凝土坑槽或局部孔洞。

模筑法修补应符合以下规定:

(1)混凝土表面清理完毕后,应按照设计要求,涂刷新旧混凝土界面接合剂。

(2)模板可采用吊模法、支模法等方式,并进行有效固定,预留混凝土浇筑口。

(3)必要时混凝土中宜加入微膨胀剂,也可采用自密实混凝土。

(4)混凝土浇筑过程中,应采取合理的振捣措施,确保混凝土浇筑密实。

(5)混凝土达到拆模强度后,方可进行拆模;拆除模板时应避免振动或撬动对混凝土表面造成缺损。

(6)混凝土拆模后,应及时覆盖并洒水保湿养护。

2.2.8 质量检验

1)实测项目

混凝土破损修补实测项目见表 2-2-1。

表 2-2-1 混凝土破损修补实测项目

项次	项目	允许偏差	测量方法和频率
1	大面积平整度(mm)	≤5	2m 直尺:每处测 2 尺
2	阴阳角(°)	≤5	尺量:全部
3	空鼓率	≤5%	敲击法
4	混凝土强度	满足设计要求	现行《公路养护工程质量检验评定标准 第一册 土建工程》(JTG 5220)
5	新旧混凝土黏结强度	满足设计要求	现行《公路桥梁加固施工技术规范》(JTG/T J23)
6	保护层厚度(mm)	+8,-5	钢筋检测仪:抽查 30%,每处测 3~5 点

注:1. 项次 4 仅适用于修补面积大于 5m² 的混凝土,应预留试块检查抗压强度。
2. 项次 5 仅适用于修补面积大于 10m² 时进行检查。

2)外观检查

(1)混凝土破损修补完成后应对其外观进行检查,确保修补区域表面平整,无裂缝、脱层、蜂窝、脱落等。

(2)修补后表面色泽应与原结构表面色泽基本一致。

(3)通过目测确定不存在明显钢筋锈蚀的区域。

2.3 植筋(锚栓)

2.3.1 一般规定

(1)植筋一般适用于钢筋混凝土结构构件,锚栓一般适用于素混凝土或配筋率较低的混凝土结构构件。

(2)植筋材料及施工工艺选择应考虑孔径、锚固深度、植筋胶的具体情况。

(3)植筋施工前,应探明原结构受力钢筋位置,确保钻孔不对原结构钢筋造成损伤。

(4)施工中钻出的废孔,应采用水泥砂浆或聚合物水泥砂浆等进行填实。

(5)植筋应符合现行《混凝土结构后锚固技术规程》(JGJ 145)的规定。

2.3.2 施工流程

植筋(锚栓)是一种在既有混凝土结构内植入钢筋或锚栓的施工工艺,具有施工简便、使用灵活等优点。通常有植入钢筋、化学锚栓(注射式化学锚栓、插管式化学锚栓)、机械锚栓等方式。植筋施工时要先对原结构进行清理并钻孔,随后利用高强度化学胶粘剂等,将钢筋或锚杆等金属件植入混凝土结构中,以达到与混凝土协同受力。混凝土结构植筋(锚栓)施工如图 2-3-1 所示。

a)植入钢筋

b)植入锚栓

图 2-3-1　混凝土结构植筋(锚栓)施工

植筋(锚栓)前首先应清理原结构表面,并进行位置标定、钻孔清孔,随后植入钢筋或锚栓并进行固化或预紧。机械锚栓通过敲击前端扩孔的自切底锚栓至孔内并进行预紧;化学锚栓可分为注射式和插管式,注射式主要是在孔内进行注胶,而插管式则是在孔内插入胶粘剂进行锚固。混凝土结构物的植筋施工工艺流程如图 2-3-2 ~ 图 2-3-5 所示。

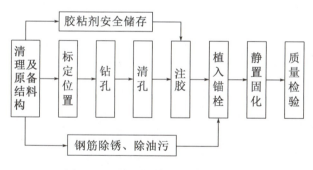

图 2-3-2　植入钢筋施工工艺流程图

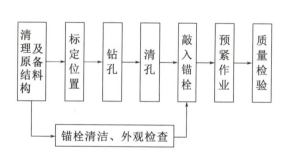

图 2-3-3　机械锚栓施工工艺流程图

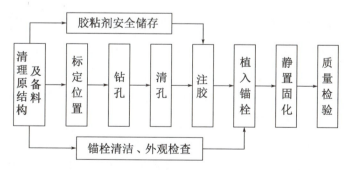

图 2-3-4　化学锚栓(注射式)施工工艺流程图

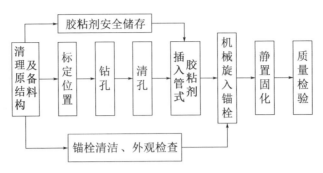

图 2-3-5　化学锚栓(插管式)施工工艺流程图

2.3.3　施工准备

1）材料要求

（1）钢筋

应使用 HRB400 级及以上螺纹钢筋，在使用前应经检测合格，表面洁净、无锈蚀、无污染，且顺直无弯折。进场须具有出厂合格证明和现场试验检查报告，其质量应分别符合现行《低合金高强度结构钢》（GB/T 1591）、《碳素结构钢》（GB/T 700）的规定。

（2）锚栓

植筋用锚栓相关性能应符合表 2-3-1 的要求。

表 2-3-1　锚栓主要性能指标

性能指标		抗拉强度标准值（MPa）	屈服强度（MPa）	抗拉强度设计值（MPa）	伸长率（%）
碳素钢及合金钢锚栓	5.8 级	≥500	≥400	≥310	≥10
	6.8 级	≥600	≥480	≥370	≥8
	8.8 级	≥800	≥640	≥490	≥12
不锈钢锚栓	50（$d \leqslant 39mm$）	≥500	≥210	≥175	≤0.6d
	70（$d \leqslant 24mm$）	≥700	≥450	≥370	≤0.4d
	80（$d \leqslant 24mm$）	≥800	≥600	≥500	≤0.3d

注：1. 性能等级 5.8 级表示抗拉强度标准值=500MPa，抗拉强度标准值/屈服强度标准值=0.8，余类推。

2. d 表示锚栓的公称直径。

（3）植筋胶

植筋用胶粘剂性能要求应符合本指南附录 A.3 的要求。施工时应注意使用材料和配胶方式，胶粘剂应使用成品材料，严禁自行配制。

2）设备要求

设备主要包括钢筋探测仪、冲击电钻、发电机组、吹风机、钢刷、注胶枪等，如图 2-3-6 所示。具体机具数量根据现场施工需要确定。

3）作业要求

本作业适合在天气良好、环境温度在 5℃以上时进行，具体参考施工所用材料产品说明书确定。

a) 冲击电钻　　　　　　　　b) 发电机组

c) 钢筋探测仪　　　　　　　　d) 注胶枪

图 2-3-6　机具设备

2.3.4　植筋施工

1) 标定位置

（1）钻孔之前,先应按设计要求进行定位放线,确保植筋（锚栓）位置准确。

（2）用钢筋探测仪探测原混凝土结构钢筋位置并标定,或凿去保护层暴露钢筋,如图 2-3-7 所示。

a) 探测钢筋位置　　　　　　　　b) 钢筋位置标定

图 2-3-7　钢筋位置探测与标定

（3）钻孔施工时遇到钢筋或预埋件时应立即停钻,并适当移动钻孔孔位。

2）钻孔及成孔检查

（1）钻孔时，应根据钻孔直径选择适当的钻头，可用水钻成孔，以降低钻孔时的振动强度，防止造成崩边破坏。

（2）初钻时保持缓慢钻进，待钻头定位稳定后再全速钻进，如图 2-3-8 所示。

（3）如遇不可切断的钢筋，应调整孔位避开钢筋。

（4）钻孔结束后，应对孔径和孔深进行检查，孔深应不小于设计深度。

（5）若在钻孔过程中发现混凝土有异常情况，如混凝土强度过低、混凝土内部存在孔洞、疏松等严重缺陷情况应暂停施工并及时报告，明确处理方案后方可继续施工。

图 2-3-8　钻孔施工

3）清洁孔壁和钢筋（锚栓）

钻孔后应将孔内粉屑清理干净，防止钻孔过程中产生的粉屑导致锚固能力降低。清洁过程应满足以下要求：

（1）先将喷嘴伸入成孔底部并吹入洁净的压缩空气，向外拉出喷嘴，反复 3 次以上。

（2）将硬毛刷插入孔中，往返旋转清刷 3 次以上。

（3）将喷嘴伸入钻孔底部吹气，向外拉出喷嘴，反复 3 次以上。

（4）对植入钢筋（锚栓）上的锈迹、油污进行除锈与清理。

（5）植筋前宜用丙酮或工业酒精擦拭孔壁、孔底和植入钢筋（锚栓）。

4）植入钢筋（锚栓）

（1）植入钢筋

①应采用注胶枪插入孔底灌注植筋用胶粘剂，灌注量一般为孔深的 2/3，同时应保证在植入钢筋后有少许胶粘剂溢出。

②注入胶粘剂后应立即单向旋转插入钢筋，并校正钢筋的位置和垂直度，直至达到设计深度要求，同时应保证植入钢筋与孔壁间的间隙基本均匀。

③应确保钻孔内胶粘剂饱满。

④严禁采用将胶粘剂直接涂抹在钢筋上并植入孔中的植筋方式。

（2）植入机械锚栓

应选择前端扩孔的自切底型机械锚栓，通过缓慢敲击将锚栓安装就位，其套筒顶端至混凝土表面的距离应不大于1mm。

(3) 植入注射式化学锚栓

注射式化学锚栓安装时,应将注射管插入孔底,由孔底往外均匀注入胶粘剂至孔深的2/3,注入胶粘剂后应立即单向旋转插入锚栓,直至达到设计深度要求,并保证植入锚栓与孔壁间的间隙基本均匀,以孔口有胶粘剂溢出作为检验注胶合格的标志。

(4) 植入插管式化学锚栓

插管式化学锚栓安装时,应将玻璃管胶囊插入锚孔,用电锤以低速转动(小于750r/min)将锚栓旋至锚固深度,直至目测有少量的胶粘剂外溢时将电锤关闭,如图2-3-9所示。

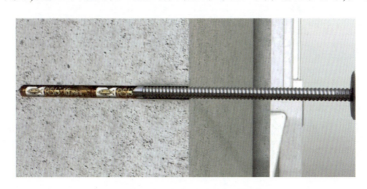

图 2-3-9 插管式化学锚栓安装

(5) 静置固化

植入钢筋(锚栓)后,应按照以下要求进行静置固化:

①严格遵守胶粘剂的化学凝固时间,应在不低于5℃的环境温度下养护30min以上,并达到相应强度要求。在胶粘剂固化前,不得使植入的钢筋(锚栓)有任何移位、振动,以免影响植筋(锚栓)材料的黏结强度,待胶粘剂完全固化后方可进行下道工序。

②植筋(锚栓)达到固化强度后,应进行抽样拉拔试验,如图2-3-10所示。所植钢筋(锚栓)应按同规格、同型号、基本相同部位组成一个检验批,抽取数量为每批总数的2%~3%,且不应少于5根;原位试验拉拔力不应低于设计值的50%,并在异位开展拉拔试验,异位试验拉拔力不应低于设计值,同时应符合现行《混凝土结构后锚固技术规程》(JGJ 145)的相关规定。

图 2-3-10 植筋(锚栓)现场拉拔试验准备

2.3.5 质量检验

植筋(锚栓)的钻孔直径应符合表2-3-2的规定。植筋(锚栓)钻孔深度、垂直度和位置偏差应符合表2-3-3的规定。其他实测项目可参照现行《公路养护工程质量检验评定标准 第一册 土建工程》(JTG 5220)相关规定进行检验评定。

表2-3-2 钻孔直径规格(单位:mm)

项次	钢筋(锚栓)公称直径	钻孔直径	钢筋(锚栓)公称直径	钻孔直径
1	6	9	18	22
2	8	11	20	24
3	10	13	22	28
4	12	16	24	30
5	14	18	28	35
6	16	20	32	38

表2-3-3 植筋(锚栓)钻孔深度、垂直度和位置允许偏差实测项目要求

项次	检查项目	规定值或允许偏差		检查方法和频率
1	钻孔中心偏位(mm)	±10 或满足设计要求		尺量:抽查10%,且不少于5根
2	钻孔直径(mm)	+3,0		
3	钻孔深度(mm)	上、下部结构	+10,0	
		承台与基础	+20,0	
		连接节点	+5,0	
4	锚固深度(mm)	不小于设计值		
5	钻孔倾斜(°)	≤5		测角仪:抽查10%,且不少于5根
6	拉拔力(kN)	满足设计要求		按现行《公路养护工程质量检验评定标准 第一册 土建工程》(JTG 5220)附录M抽查:抽查2%~3%,且不少于5根

注:拉拔力试验时达到设计值即可,原则上不进行破坏试验。

2.4 混凝土增大截面

2.4.1 一般规定

(1)增大截面加固法一般适用于梁、柱、桩等构件的加固,通过增大原构件的截面尺寸,并配置所需的钢筋,保持与原结构共同受力,达到提高构件强度和刚度的目的。

(2)对于增大截面加固的原结构混凝土,受压构件强度等级不应低于C15,受弯构件强度等级不应低于C20,新浇筑混凝土的强度等级不能低于原结构且不应低于C30,当采用预应力加固时其强度等级不应低于 C40。

（3）采用增大截面维修时，对于梁、柱、桩，采用人工浇筑时，新增混凝土厚度不应小于 60mm；采用喷射混凝土施工时，新增混凝土厚度不应小于 50mm。

（4）新增混凝土一般可采用模筑施工，当新浇筑混凝土厚度小于 100mm 时，可采用小粒径粗集料。在混凝土振捣困难的情况下，可使用微膨胀混凝土或自密实混凝土。

（5）按设计要求需设置剪力槽时，处理混凝土表面应采用小型设备或人工进行凿刻。

（6）构件接合面的处理过程中，应凿除原构件混凝土的缺陷部分，构件接合面凿毛凹凸差不宜小于 8mm，并露出粗集料。

（7）对原结构进行表面凿毛及植筋施工过程中，应根据病害情况对原结构受力构件进行适当的临时支护。

（8）加固用混凝土应综合考虑新、旧混凝土的龄期差、施工条件和施工工艺特点，合理进行配合比设计，必要时在施工前进行试验验证。

（9）由于增大截面维修导致自重增加时，应根据情况，对原结构的受力影响和安全性进行适当验算。

2.4.2　施工流程

混凝土增大截面维修是一种常见的混凝土结构加固方法。它适用于由于施工缺陷、材料老化、荷载变化或其他因素导致的截面尺寸不足或不满足设计要求的情况。混凝土增大截面施工如图 2-4-1 所示。

混凝土增大截面施工工艺流程如图 2-4-2 所示。

图 2-4-1　混凝土增大截面施工

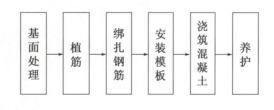

图 2-4-2　混凝土增大截面施工工艺流程图

2.4.3　施工准备

1）材料要求

混凝土增大截面维修材料包括满足设计要求的纵向和横向受力钢筋、封闭箍筋、焊接短筋、混凝土、植筋胶等。

钢筋、混凝土、植筋胶等应符合现行《混凝土结构加固设计规范》（GB 50367）及《公路桥梁加固设计规范》（JTG/T J22）的相关要求。

2）设备要求

设备和机具的基本配置应包括但不限于钻孔机、打磨机、注胶枪、模板、砂纸、钢丝刷、空气压缩机、焊接设备、抹刀、全站仪、水准仪、钢尺等。型号和数量根据施工需要确定。

3）作业条件

（1）本作业适合在天气晴朗、温度在5℃以上时进行，结构胶类、有机材料参考材料产品说明书确定。

（2）混凝土浇筑时宜进行适当的交通管制、增设临时支撑等有效措施，从而减少新旧混凝土凝固前的扰动。

2.4.4 增大截面施工

1）基面处理

（1）混凝土表面凿毛：用打磨机及钢丝刷剥除混凝土表面的杂物，并进行凿毛处理，如图2-4-3所示。旧混凝土接合面的凿毛应完全暴露出新鲜密实混凝土，并应清洗干净。加固面积较大时，可设置剪力钉或将接合面凿成台阶式，台阶长度宜为台阶高度的2倍左右，以增加接合面的抗剪强度。

（2）表面清理：凿毛处理后，清除原构件混凝土表面松动的集料、砂砾、浮渣和粉尘，并用清洁的压力水冲洗干净，同时应将接合面处外露钢筋表面的锈皮、浮浆等清理干净。

图2-4-3 混凝土凿毛

2）绑扎钢筋

加固部位植筋或封闭式箍筋应与原构件牢固连接，植筋应满足2.3节相关要求。当采用单面焊时，钢筋的搭接长度不应小于$10d$（d为钢筋直径），当采用双面焊时，搭接长度不应小于$5d$。应采取断续施焊的降温措施，以免影响植筋效果。

3）安装模板

按相应规范进行模板安装，横向围檩间距宜为500mm左右，纵向围檩间距宜在300～500mm之间，各模板接头应平顺、无高差且密实不漏浆。模板应具有足够的强度和刚度，以抵抗混凝土浇筑时的侧压力影响，避免模板变形。

4）浇筑混凝土

（1）涂刷界面剂：混凝土浇筑前，原构件混凝土表面应冲洗干净，并用新鲜水泥浆或其他界面剂进行涂刷处理。

（2）浇筑混凝土：浇筑混凝土（灌浆料）高度较大时宜采用阶梯形分层浇筑并振捣；待混凝土或灌浆料翻浆均匀不再下沉时，方可继续浇筑下一部分混凝土。采用灌浆料时应严格控制水灰比。

5）养护及拆模

混凝土浇筑完成后，静置12h洒水养护，灌浆料浇筑完成后，静置2~3h洒水养护。根据同条件养护试块强度决定拆模时间，试块强度达到2.5MPa以上方可拆侧模，达到设计强度方可拆底模。

2.4.5 质量检验

1）实测项目

(1) 混凝土表面设置剪力槽时，其偏差应符合表2-4-1的要求。

表2-4-1 混凝土剪力槽设置的允许偏差

项次	项目	允许偏差(mm)
1	槽宽	±10
2	槽长	±20
3	槽间距	±20
4	槽深	+5，-3

(2) 模板安装应符合表2-4-2的要求。

表2-4-2 模板安装的允许偏差

项次	项目		允许偏差(mm)
1	模板高程	基础	±15
		柱、梁	±10
2	模板尺寸	上部结构的所有构件	+5,0
		基础	±30
3	轴线偏位	基础	±15
		柱	±8
		梁	±10
4	装配式构件支承面的高程		+2，-5
5	模板相邻两板表面高低差		±1
6	模板表面平整		±5
7	预埋件中心线位置		±3
8	预留孔洞中心线位置		±10
9	预留孔洞截面内部尺寸		0，+10

（3）在施工过程中,应对增大截面混凝土进行实时测量,具体测量项目及指标应符合表 2-4-3 的相关要求。

表 2-4-3 增大截面加固实测项目

项次	实测项目	允许偏差	检查方法和频率
1	混凝土强度(MPa)	满足设计要求	现行《公路养护工程质量检验评定标准 第一册 土建工程》(JTG 5220)
2	轴线偏位(mm)	10	全站仪:测量3处
3	顶面或底面高程(mm)	±20	水准仪:测量5处
4	断面尺寸	满足设计要求	尺量:检查3个断面
5	横坡(%)	±0.15	水准仪:梁构件每跨检查1~3处
6	大面积平整度(mm)	±8	2m 直尺:每侧面测1~2处,测竖向、水平两个方向

2）外观检查

（1）混凝土表面应平整、颜色一致,无明显错台。
（2）混凝土表面不得出现蜂窝、麻面。
（3）梁体内的建筑垃圾、杂物、临时预埋件等应清理干净。

2.5 钢构件防腐处理

2.5.1 一般规定

（1）当钢构件原有防腐涂层出现老化、脱落及破损或钢构件表面出现锈蚀、氧化严重的现象时,应根据构件实际锈蚀程度以及涂层的病害程度采取相应的防腐措施。
（2）防腐维修前,采用酸洗、喷砂、机械打磨等处理方式,清除锈蚀、旧涂层和污垢等。
（3）采用人工除锈时,基层处理应达到 St 3.0 以上,第一道和第二道涂料宜采用溶剂型涂料。
（4）结构受力部位锈蚀严重、截面削弱可能影响结构安全时,应进行腐蚀专项检查与评估,并采取相应加固措施。
（5）底层、中间层与面层涂料的暴露时间最短不低于 8h,最长不宜超过 7d,若超过 7d,应先采用细砂纸将涂层表面打磨成细微毛面,再涂装后一道面漆。
（6）应根据涂层劣化等级选择合理的防腐维修措施,钢构件涂层劣化等级评定参照表 2-5-1。
（7）钢构件防腐处理应满足现行《公路桥梁钢结构防腐涂装技术条件》(JT/T 722)的规定。

表 2-5-1 钢构件涂层劣化等级评定

锈蚀等级	锈蚀面积（%）	剥落等级	剥落面积（%）	开裂等级	开裂数量
0	0	0	0	0	无可见的开裂
1	0.05	1	≤0.1	1	小且少得可以忽略的开裂
2	0.5	2	≤0.3	2	少量可以察觉的开裂
3	1	3	≤1	3	中等数量开裂
4	8	4	≤3	4	较多数量开裂
5	40~50	5	>15	5	密集型开裂

2.5.2 施工流程

钢构件防腐处理通常采用表面涂装法,即利用防腐涂层将钢构件与环境隔离,达到防腐的目的,从而延长构件的使用寿命。涂装一般分为底漆、中间漆及面漆三层,各涂层涂装时应预留足够的时间间隔,以保证涂层之间具有足够的黏结力,使其达到防腐设计年限。钢构件防腐处理施工如图 2-5-1 所示。

钢构件防腐处理施工工艺流程如图 2-5-2 所示。

图 2-5-1 钢构件防腐处理施工

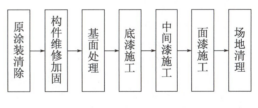

图 2-5-2 钢构件防腐处理施工工艺流程图

2.5.3 施工准备

1）材料要求

防腐涂料的型号、名称、颜色及有效期应与其质量证明文件相符。涂料桶开启后,涂料不应存在结皮、结块、凝胶等现象。每批涂料应按桶数抽查5%,且不应少于3桶。其中各种油漆材料必须有生产厂家的出厂质量证明,并应按现行有关标准进行复验,做好复验检查记录。复验合格后方可使用。底漆、中间漆及面漆的性能指标应分别符合本指南附录 B.1 的相关规定。

2）设备要求

（1）基面处理设备：刮刀、铲刀、胶管、砂布、钢丝刷、酸洗槽和附件、手砂轮、喷砂除锈机、真空吸尘器等。

（2）涂料调配设备：灰浆泵、铁锹、手推车、计量容器、电动搅拌机等。

（3）涂装施工设备：气泵、喷漆枪、小压缩机、喷漆气泵、辊子、软刷、高压无气喷涂机等。部分工具如图2-5-3所示。

a）喷漆气泵　　　　　　b）高压无气喷涂机

图 2-5-3　机具设备

3）作业要求

钢构件防腐涂装作业时应保持作业面干燥，气温宜在5～38℃之间。当气温低于5℃时，应选用相应的低温涂装材料；当气温高于38℃、湿度大于85％时，应停止涂装作业。作业要求及检测要求见表2-5-2。

表 2-5-2　作业要求

项目	条件	检测要求
环境温度	5～38℃	每2h一次
湿度	低于85％	每2h一次
钢板表面温度	高于露点温度3℃以上	油漆涂装前检测一次
特殊要求	油漆说明书中特别要求的其他作业环境条件	
禁止条件	大风、积雪、雨、雾等环境下禁止进行室外涂装作业	

注：环氧类油漆涂装施工环境温度，不得低于10℃。当施工要求和油漆说明书不符时，应按照油漆说明书中的环境要求。

2.5.4　基面处理及涂料调配

1）基面处理

（1）结构预处理：构件在喷砂除锈前应将粗糙焊缝打磨光顺。焊接飞溅物用刮刀或砂轮机除去，焊缝表面深度为0.8mm以上的咬边应先进行补焊再打磨。锐边用砂轮打磨成曲率半径约为2mm的圆角，切割边的峰谷差宜打磨至1mm以下；表面层叠、裂缝与夹杂物，须打磨处理，必要时补焊。

(2)除油:表面油污应采用专用清洁剂进行低压喷洗、软刷刷洗或采用碱液处理,并用淡水枪冲洗掉所有残余物。采用碱液处理时,处理后应用淡水冲洗至中性。小面积油污可采用溶剂擦洗。

(3)除盐分:处理前若不能完全确定钢构件是否接触氯离子时,应进行表面可溶性盐分检测,喷砂钢材表面可溶性氯化物含量应不大于$7\mu g/cm^2$,超标时应采用高压淡水冲洗。当能够确定钢构件不接触氯离子环境时,可不进行检测。

(4)除锈:钢构件表面锈迹一般采用人工除锈或喷砂除锈。喷砂除锈应根据表面粗糙度要求,选用合适粒度的磨料喷射清理。喷砂完工后,应使用真空吸尘器或无油、无水的压缩空气机除去喷砂残渣。在涂装施工过程中,若发现返锈现象,应重新除锈。基面处理施工如图2-5-4所示。

a) 人工除锈

b) 钢构件比对磨料粗糙度

图2-5-4 基面处理施工

2)涂料配料、搅拌

(1)调配前用抹布擦干净所有桶盖上的水、灰尘、油污等,避免开盖时混入油漆中造成污染。

(2)打开需调配涂料,用专用、干净的搅拌机插入桶底进行搅拌。采用60r/min的转速搅拌3min(顺时针搅拌2min,逆时针搅拌1min)。

(3)将搅拌均匀的油漆用80目以上的滤网进行过滤。

(4)将主漆与固化剂按规定比例进行调配,随后加入适量稀释剂进行充分搅拌,并熟化5~10min。涂料调配应由专人负责,涂料桶和固化剂在调配完后要及时盖好桶盖,防止被污染。防腐漆质量配合比及施工要求见表2-5-3。

表2-5-3 防腐漆质量配合比及施工要求

项次	油漆名称	质量配合比(漆∶固化剂)	熟化时间(25℃)(h)
1	环氧富锌底漆	9∶1	0.5
2	环氧云铁中间漆	7∶1	0.5
3	丙烯酸聚氨酯面漆	4∶1	0.25

注:当环氧富锌底漆及丙烯酸聚氨酯面漆超过48h后复涂,复涂时应先进行打磨处理。

(5)调配好的涂料禁止露天存放,需用盖子屏蔽以免落入杂质,并确保在4h内使用,超过时间即废弃。剩余未调配的固化剂必须完全密封,以免吸水失效。

2.5.5 维修涂装与重新涂装

1)维修涂装

当钢构件涂层的开裂、剥落或锈蚀等级为2~3级,或有景观需求时,需对局部涂层损伤部位进行维修涂装。防腐涂层的维修涂装应符合以下规定:

(1)局部维修涂装。当构件局部防腐涂层损坏,应先清理损坏区域及周围50mm的涂层,清除旧涂层表面油污及锈层,对涂层表面进行打磨处理,并将维修涂装搭接区域修成坡口,延伸坡口长度50~80mm。延伸坡口区如图2-5-5所示。

(2)部分维修涂装。单个构件防腐涂层损坏面积超过50%时,应对整个构件进行维修涂装。先清理松散的涂层,清除旧涂层表面油污与灰尘,并对涂层表面进行拉毛处理。

(3)整体维修涂装。当超过50%数量的构件需要维修涂装时或有景观需求时,需进行整体维修涂装。

(4)海洋大气腐蚀环境和工业大气腐蚀环境下的旧涂层宜采用高压淡水清洁,当钢板表面水溶性盐含量小于$50mg/m^2$时,再进行维修涂装。

(5)不进行底层处理的情况下,维修涂装应选择与原底漆相容的中间漆、面漆。

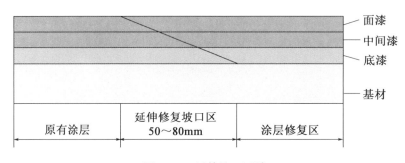

图2-5-5 延伸坡口区域

2)重新涂装

当钢构件涂层的开裂、剥落或锈蚀等级处于3级以上时,一般情况下,出现严重锈蚀且需进行底层处理的情况时,需进行重新涂装。重新涂装应符合以下规定:

(1)重新涂装应彻底除去旧涂层,重新进行表面处理后,按照完整的涂装规格进行涂装。

(2)重新涂装表面处理可采用手工除锈、机械除锈或喷砂除锈。除锈等级应符合现行《涂覆涂料前钢材表面处理 表面清洁度的目视评定 第1部分:未涂覆过的钢材表面和全面清除原有涂层后的钢材表面的锈蚀等级和处理等级》(GB/T 8923.1)的相关规定。

(3)局部重新涂装:构件小于50%面积的防腐涂层损坏,先清理损坏区域周围松散的涂层,延伸至未损坏区域50~80mm,并应修成坡口,表面除锈等级应达到Sa 2级或St

3.0级。

(4)部分重新涂装:构件防腐涂层损坏面积超过50%时,表面除锈等级应达到Sa 2.5级。

(5)整体重新涂装:超过50%数量的构件需要重新涂装时,表面除锈等级应达到Sa 3.0级,并按照设计要求的涂装体系进行重新涂装。

(6)对于点蚀严重部位、杆件边缘部位、阴阳角部位、高强螺栓连接部位、接头部位等难以形成厚膜的部位,应先行刷涂各个工序的涂料,后增涂1~2层面漆,增涂范围如图2-5-6所示。

(7)防腐涂层因粉化导致涂层厚度不足或因褪色影响景观时,可增涂1~2层面漆。

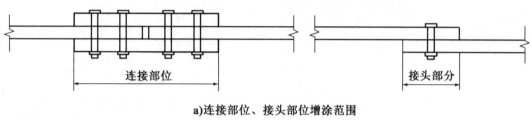

a)连接部位、接头部位增涂范围

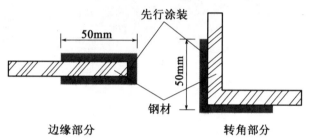

b)边缘部位、阴阳角部位增涂范围

图2-5-6 重新涂装增涂范围

2.5.6 涂装施工

1)底漆施工

(1)在基面处理结束后立即将涂料均匀刷涂在处理干净的基材表面,涂装时要保证底漆充分涂覆到所有表面,并以油漆用量来控制涂膜厚度,漆膜厚度控制在60~80μm以内,涂装1~2遍。

(2)喷涂底漆时宜遵循勤移动、短距离的原则。

(3)第二遍喷涂方向应与第一遍方向垂直,涂装过程中应经常搅拌涂料,防止锌粉沉淀,造成粉液料比例失调,影响漆膜质量。

(4)对于钢构件的拐角、凹陷、焊缝等涂装难度较大部位,应对前一道涂膜进行检查。检查内容包括涂膜干燥程度、厚度、气泡、针孔、起皱等。

(5)待底涂层固化后,方可进行下一道涂层的施工,当遇低温或潮湿气候时应以实际干燥时间为准。钢表面涂装施工如图2-5-7所示。

2)中间漆施工

(1)底漆干燥后涂第一遍中间漆,夏季时间间隔不小于2h,冬季时间间隔不小于8h,

要求表面干燥。

（2）干膜厚度为 50～80μm，涂装 1～2 遍。

3）面漆施工

（1）中间漆干燥后涂第一遍面漆，夏季时间间隔不小于 2h，冬季时间间隔不小于 8h，要求表面干燥后再涂第二遍面漆。

（2）第二遍面漆应使用与第一遍同一生产批号的面漆，避免色差，涂装效果如图 2-5-8 所示。干膜厚度≥40μm，涂装 1～2 遍。

图 2-5-7　钢表面涂装施工

图 2-5-8　钢表面涂装效果图

2.5.7　涂层保护

（1）钢构件涂装后，应采取适当的措施，防止踩踏，损伤涂层。

（2）钢构件涂装后，在 4h 之内如遇大风或下雨时，应加以覆盖，防止沾染灰尘或水汽，影响涂层的附着力。

（3）涂装后的钢构件禁止接触酸类液体，防止腐蚀涂层。

2.5.8　质量检验

1）实测项目

钢构件涂装防护实测项目见表 2-5-4。

表 2-5-4　钢构件涂装防护实测项目

项次	检查项目	规定值或允许偏差	检查方法和频率
1	除锈清洁度	（1）满足设计要求； （2）设计未规定时达到 Sa 2.5 或 St 3.0 级	比照板目测：全数检查
2	总干膜厚度	（1）满足设计要求； （2）设计未规定时，干膜厚度小于设计值的测点数量不超过 10%，任意测点的干膜厚度不小于设计值的 90%	（1）按设计要求检查； （2）设计未规定时用测厚仪检查：抽查 20% 且不少于 5 件，每 10m² 测 10 个点，取其平均值

续上表

项次	检查项目	规定值或允许偏差	检查方法和频率
3	附着力	满足设计要求	(1)按设计要求检查； (2)设计未规定时用拉开法检查：抽查5%且不少于5件,每件测1处

2)外观检查

(1)涂层表面应平整均匀,无漏涂、误涂、起泡、脱皮、气孔、松散粒子、裂纹和掉块等现象,允许轻微结疤和起皱。

(2)涂层应分色协调、阴阳角顺直方正、整体效果协调、美观。

2.6 混凝土防护涂装

2.6.1 一般规定

(1)当混凝土结构出现碳化、裂纹,或者局部混凝土钢筋锈蚀等病害,影响混凝土结构的使用寿命时,宜对混凝土结构进行防护涂装。

(2)混凝土表面涂装施工前,应根据施工环境、不同喷涂设备,进行工艺试验,检验材料性能、喷涂参数等,制定详细的实施方案。

(3)涂层体系应由底层、中间层、面层三层(或底、面两层)配套涂料组成。底层涂料应具有低黏度和高渗透能力,中间层涂料应具有与底层和面层涂料较好的相容性和附着力,面层应具有抗老化性,整个涂层体系应具有较好的防腐能力。宜采用满足环保排放要求的非溶剂的水性涂装材料。

(4)混凝土桥梁涂装前应去除混凝土表面油污及杂物,保持混凝土表面干燥、清洁,混凝土表面的锐边、尖角和毛刺应打磨圆顺。

(5)当混凝土出现裂缝等病害时,应先对裂缝进行维修处理,再进行防护涂装。

(6)涂装施工过程中混凝土表面含水率应低于6%,否则应进行干燥处理后方可涂装。当采用湿固化涂料时,混凝土含水率要求可放宽至8%,但要求混凝土表面干燥。

(7)在涂刷底漆前,应制作0.5mm×50mm×100mm的薄钢片贴在混凝土表面,随结构共同涂装,在涂装结束时用作最后干膜总厚度的测量。

2.6.2 施工流程

混凝土防护涂装主要采用表面涂装法,通过涂装防护涂层将混凝土与外部环境隔离,从而达到延长混凝土结构寿命的目的。防护涂层一般分为底漆、中间漆及面漆,根据实际情况可适当设置腻子层。混凝土表面出现明显凹凸时,可采用腻子进行修补找平,施工过程中各涂层涂装时应预留足够的时间间隔,混凝土防护涂装施工如图2-6-1所示。

混凝土防护涂装施工工艺流程如图2-6-2所示。

 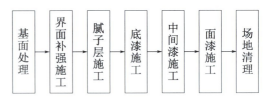

图 2-6-1　混凝土防护涂装施工　　　　图 2-6-2　混凝土防护涂装施工工艺流程图

2.6.3　施工准备

1) 材料要求

混凝土防护腻子、底漆、中间漆、面漆的性能指标应分别符合本指南附录 B.2 中的相关规定,涂层配套体系耐久性检测应符合表 2-6-1 的要求。

涂料开罐前要确认其牌号、品种、颜色、批号等,并做记录。涂料使用前要搅拌均匀,并根据不同的施工方式及现场环境条件调节涂料的施工黏度。应注意:双组分涂料需按规定比例混合,并按产品说明书的规定放置一定时间进行熟化。

表 2-6-1　涂层配套体系耐久性检测要求

项次	项目	技术指标	试验方法
1	人工加速老化,1000h	涂层不起泡、不剥落、不粉化	现行《色漆和清漆　人工气候老化和人工辐射曝露　滤过的氙弧辐射》(GB/T 1865)
2	涂层耐碱性,30d	涂层不起泡、不开裂、不剥落	现行《混凝土桥梁结构表面涂层防腐技术条件》(JT/T 695)
3	涂层耐化学品性能,240h	涂层无变化	现行《色漆和清漆　耐液体介质的测定》(GB 9274)

2) 设备要求

(1) 基面处理设备:刮刀、铲刀、手砂轮、砂布、钢丝刷等。

(2) 涂料调配设备:灰浆泵、铁锹、手推车、计量容器、电动搅拌机等。

(3) 涂装施工设备:气泵、喷漆枪、小压缩机、喷漆气泵带刻度钢针、辊子、软刷、高压无气喷涂机等。

3) 作业要求

涂装环境条件应参照涂料产品说明书规定。施工温度宜为 5～38℃,空气相对湿度为 85% 以下。在雨、雾、雪、大风条件下,应停止施工。

2.6.4 基面处理及修补

1) 基面处理

(1) 采用压力不小于20MPa的高压淡水冲刷或采用喷砂与手工打磨等方法将混凝土表面的浮灰、浮浆、夹渣、苔藓、疏松部位等清理干净,并对暴露金属件做防锈处理,如图2-6-3所示。

(2) 局部油污污染的混凝土表面宜用碱液、洗涤剂或溶剂处理,并用淡水冲洗干净,以保证涂层附着力。

a) 混凝土打磨　　　　　　　　　　　　b) 混凝土打磨效果

图2-6-3　混凝土基面处理

2) 界面补强施工

混凝土表面出现凹凸、缺陷、破损等,需在基面处理后进行界面补强,施工要点如下:

(1) 配置补强材料时,配置比例为补强胶:水泥=1:1.3,水泥强度等级不低于42.5MPa,同时应边搅拌边将水泥缓慢加入补强胶中。

(2) 用涂料辊筒或宽漆刷蘸补强材料均匀涂刷在混凝土基材表面,如图2-6-4所示。若基面温度较高时,应先用水润湿基面,待表面干燥后再涂装。

(3) 夏季养护时间不小于2h,冬季养护时间不小于8h。

图2-6-4　界面补强施工

3) 腻子层施工

腻子层施工应满足以下要求:

(1)配置腻子时,配置比例为高强胶:腻子粉=1:3,用手提搅拌机充分搅拌均匀后使用。

(2)若有凹陷,用腻子填充修补再刮平,或在干燥后打磨找平。在基面上第一遍涂满腻子后,用刮刀等刮平。若基面温度较高时宜洒水湿润,待表面干燥后再施工,如图2-6-5所示。

(3)施工时刮厚应不大于2mm,完成后平整度应达到要求。具体测试步骤应符合本指南附录D的规定。

图2-6-5 刮涂腻子施工

2.6.5 涂装施工

1)涂装工艺

(1)喷涂:大面积涂装施工宜采用高压无气喷涂的方式。喷涂设备进气压力至少达到0.5MPa。喷涂过程应使用合适型号的喷枪、喷嘴,喷嘴与待涂装表面保持300~500mm的距离,匀速移动。喷涂过程应严格控制喷枪,以保证无漏涂,如图2-6-6a)所示。

(2)辊涂:小面积涂装施工可采用辊涂的方式。施工时将辊子按W形轨迹滚动,将涂料均匀涂布于被涂物表面,随后使辊子上下密集滚动,将涂料均匀地分布开,最后使辊子按一定的方向滚动,滚平表面并修饰,如图2-6-6b)所示。在辊涂过程中,初始用力不宜过大,以防涂料流淌,随后逐渐增加辊涂力度,致使涂料均匀分布。

a)喷涂

b)辊涂

图2-6-6 混凝土涂装方式

(3)刷涂:不易喷涂或辊涂的局部或复杂形状构件可采用刷涂的方式。对干燥较慢的涂料,应按涂敷、抹平和修饰三道工序进行操作。对干燥较快的涂料,刷涂时应按一定顺序,快速、连续地刷平和修饰,不宜反复刷涂。刷涂垂直表面时,最后一次刷涂应由上向下进行。

2)底漆施工

底漆各层的施工间隔时间为夏季不小于2h,冬季不小于8h,要求涂装表面干燥。底漆干燥后若仍有缺陷需进行修补,修补后需磨光、清灰,最后在修补处涂一道底漆(每一涂层用漆标准:$3\sim4m^2/kg$),如图2-6-7所示。底漆施工过程中随时用湿膜卡进行厚度检测,若厚度不足,补涂至规定厚度。

在涂装底漆时,严格按稀释比例进行调配,以使底漆完全浸透混凝土表面,同时避免过度涂装而影响下层涂装的黏结力。

3)中间漆施工

底漆干燥后涂第一遍中间漆。中间漆各层的施工间隔时间为夏季不小于2h,冬季不小于8h,要求涂装表面干燥。中间漆施工过程中随时用湿膜卡进行厚度检测,若厚度不足,补涂至规定厚度。

4)面漆施工

面漆多层涂装时,应保证每层涂料干燥后再涂装下一层涂料,面漆各层的施工间隔时间为夏季不小于2h、冬季不小于8h,要求涂装表面干燥。应涂布均匀,各层面漆应使用同一生产批号的材料,避免色差。面漆施工过程中随时用湿膜卡进行厚度检测,若厚度不足,补涂至规定厚度,施工效果如图2-6-8所示。此外,面漆涂装施工时环境湿度不应大于80%。

图2-6-7 底漆施工效果图

图2-6-8 面漆施工效果图

2.6.6 涂层保护

(1)涂装完成后,应对涂膜表面进行保护,涂膜没有完全固化时,应避免外部因素造成涂膜损伤。

(2)涂装完全固化前,应避免淋雨或直接浸水以及接触其他腐蚀介质。

(3)浪溅区涂装未固化前不得与水接触。

2.6.7 质量检验

1)实测项目

在混凝土防护涂装过程中混凝土基面含水率测试方法应符合本指南附录 C 的相关要求。具体施工实测项目见表 2-6-2。

表 2-6-2 混凝土防护涂装实测项目

项次	实测项目	规定值或允许偏差	检查方法与频率
1	平整度(mm)	5	钢尺丈量
2	阴阳角(°)	5	尺量
3	附着力(MPa)	≥0.5	现行《色漆和清漆拉开法附着力试验》(GB/T 5210)
4	总干膜平均厚度	≥设计厚度	涂装完成后 7d 后进行测定,每 50m² 面积随机检测一个点,测点总数不少于 30 个
5	总干膜最小厚度	≥0.8 倍设计厚度	

2)外观检查

(1)打磨后的混凝土表面要求无油污、无浮尘、无霉点、无盐类析出物与苔藓等污染物,并保持干燥。

(2)外观要求 100% 检查,漆膜均匀、平整,颜色与色卡一致,不允许有漏涂、变色、裂纹、气泡等缺陷。

第 3 章　混凝土梁铰缝维修

3.1　一般规定

（1）在混凝土梁的铰缝处出现渗水、漏水、开裂等病害,严重影响结构安全性和耐久性的情况下,应及时进行铰缝维修。

（2）混凝土梁铰缝病害的处治方法主要有梁底铰缝注胶加固法和铰缝凿除加固法。梁底铰缝注胶加固法工期较短,可不中断交通;铰缝凿除加固法工期较长,需要中断交通。

（3）桥面铺装病害处理时,可同步进行铰缝凿除加固施工。

（4）应在横向搭接钢筋焊接施工完成后进行桥面铺装施工,以免后焊的构件引起桥面混凝土在接缝处产生裂纹。

3.2　施工流程及方法

铰缝的作用是横向传递剪力,以形成荷载的横向分布,减小单片梁受力,并使多片梁板结构成为一个整体。当铰缝出现损伤时,应及时进行维修。混凝土梁铰缝维修施工如图 3-2-1 所示。

a)梁底注胶加固法　　　　　　b)铰缝凿除加固法

图 3-2-1　混凝土梁铰缝维修施工

3.2.1　施工流程

混凝土梁铰缝维修施工流程如图 3-2-2 所示。

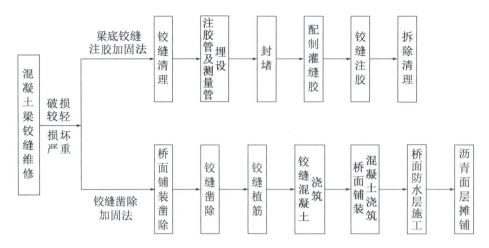

图 3-2-2 混凝土梁铰缝维修施工工艺流程图

3.2.2 施工准备

1）材料要求

（1）灌缝胶

灌缝胶也称"拼梁结构胶"，是双组分改性环氧树脂结构胶，用于铰缝灌注。其性能应符合本指南附录 A.1 的相关要求。

（2）封缝胶

封缝胶用于板底封缝，其性能应符合本指南附录 A.2 的相关要求。

（3）防水材料

防水材料可采用水性环氧、改性乳化沥青等，性能指标应符合现行《公路桥梁加固设计规范》（JTG/T J22）的要求。

2）设备要求

设备与机具的配置应包括但不限于：

(1) 发电机组或其他电源。

(2) 钢丝刷、风镐、电锤、切缝机、高压水枪、空压机，如图 3-2-3 所示。

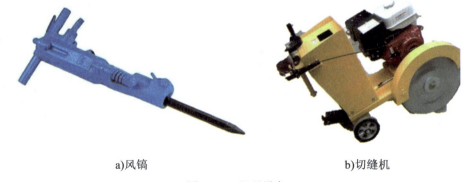

a) 风镐　　　　　　　　　　b) 切缝机

图 3-2-3　机具设备

3）作业要求

铰缝维修加固作业宜在环境温度 5℃以上时进行，不得在雨天施工，具体参考施工所

— 36 —

用材料产品说明书确定。

3.2.3 梁底铰缝注胶法

1) 铰缝清理

根据铰缝的受损情况,采用人工凿除或配合高压水枪将铰缝周围松散、剥落的混凝土清除,应尽可能清除影响注胶效果的杂物,必要时进行喷水清洗,如图 3-2-4 所示。

2) 铰缝封堵

采用发泡剂塞至靠近端部梁板之间,封堵严实,如图 3-2-5 所示。

图 3-2-4 喷水清洗

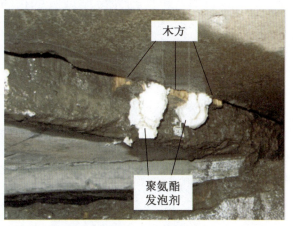

图 3-2-5 铰缝两侧封堵

3) 注胶管及排气管埋设

(1) 注胶管埋设如图 3-2-6 所示。

①钻孔后,将直径为 10mm 的聚氯乙烯(PVC)管插至铰缝底部,必要时可引孔。

②将注胶管向下抽出约 40mm,使注胶管端部距离板底约 220mm。

③用封缝胶辅以木塞固定。

④注胶管布置间距约为 2m。

(2) 排气管埋设如图 3-2-7 所示。

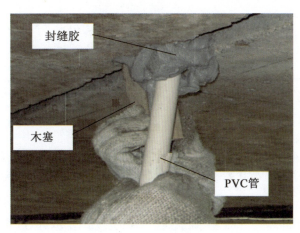

图 3-2-6 注胶管埋设

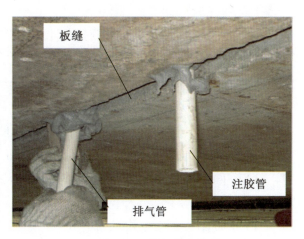

图 3-2-7 排气管埋设

①相邻注胶管中间应设置一根排气管。
②将直径为10mm的PVC管在靠近注胶管的位置插至铰缝底部,必要时可引孔。
③向下抽出约20mm,保证PVC管顶面高于注胶管约20mm。
④使排气管端部距离板底约200mm,保证其露出长度明显短于注胶管。
⑤用封缝胶辅以木塞固定。

4)铰缝底部封堵

铰缝底部封堵如图3-2-8所示,应满足以下要求:

(1)在缝口两侧按间距150mm钻孔,并用空压机吹干净灰尘。
(2)透明塑料板应预先按照埋管的位置开孔。
(3)用膨胀螺栓固定金属压条将塑料板固定在梁板底部。
(4)塑料板宽度应覆盖铰缝宽度,同时螺栓孔应与塑料板边缘留有一定距离。
(5)用封缝胶封闭所有空隙,防止漏胶。

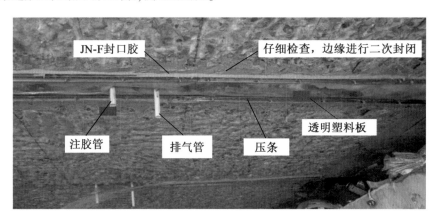

图3-2-8 铰缝底部封堵

5)配制灌缝胶

在专用调制器具内,严格按配合比对双组分胶进行配制,以人工或电动工具将其搅拌均匀。封闭胶施工2h后,方可进行下一工序施工。冬季施工时应适当延长养护时间或进行保温养护。

6)铰缝注胶

从跨中位置开始注胶,两侧排气管出现溢胶即表示铰缝注胶完成。若某处排气管始终未出现溢胶,应确认排气管设置高度是否合理,随后在未溢胶处附近增设注胶管,再次注胶至出现溢胶为止。铰缝注胶宜采用流动性好,渗透性能较好的纯胶液(灌缝胶)。

铰缝注胶应满足以下要求:

(1)从跨中开始注胶,预留中间三个注胶管,封堵其他所有管件。
(2)注胶压力不小于0.2MPa,保持5min,然后进行封堵。
(3)桥面有裂缝时,需注胶至裂缝出现溢胶时停止注胶。桥面无裂缝时,注胶至梁端出现溢胶为止。
(4)注胶结束后,应将注浆管、排气管同时封堵;胶液固化后方可进行相邻部位的注浆。

(5)待胶液固化后方可拆除塑料板和金属压条,并用砂轮将膨胀螺栓拆除,同时检查铰缝黏结情况。

3.2.4 铰缝凿除加固法

1)桥面铺装凿除

(1)开凿前,根据竣工图和现场调查测量放样,标明凿除位置,用切缝机将相应铰缝处铺装切分为300mm左右的方块。宜采用手持风镐插入铺装的新切缝内进行振动凿除作业,将整个方块的混凝土铺装撬起。

(2)切缝时可将铺装层的钢筋切断,以加快后续凿除的速度。凿除时应注意风镐的凿入深度,防止凿穿空心板梁。严禁使用大型镐头机凿除,以免对空心板梁构件造成损坏。

2)铰缝凿除

对铰缝内的混凝土进行凿除,并取出破除后的混凝土块,凿除时应尽量保留原有钢筋。宜采用小型凿毛机等将铰缝两侧表面进行凿毛,增强新旧混凝土的黏结力。

3)钢筋配置

当铰缝处连接钢筋发生切断时,宜采用植筋等方式进行恢复,并在每块空心板梁的端头接缝处设置纵向连续钢筋,重新配置桥面铺装层钢筋网。

为保证铺装及铰缝协同空心板梁横向受力,宜将新植入的铰缝钢筋弯折于铺装层钢筋网的上部,并将铰缝植筋与铺装层横向钢筋焊接。

4)混凝土浇筑

(1)铰缝混凝土浇筑

浇筑前使用凿毛机将空心板梁上表面及铰缝混凝土表面凿毛,并用高压水枪清理干净。先铺筑与铰缝混凝土同配合比的水泥砂浆,以避免底部漏浆,随后浇筑C50微膨胀混凝土,且宜掺入适量纤维材料,以提高抗渗和抗裂性能。铰缝混凝土浇筑时应保证振捣密实,浇筑完成后立即覆盖无纺土工布并保湿养护。

(2)桥面混凝土浇筑

桥面混凝土浇筑时,应充分进行振捣,并保证表面平整,浇筑后应立即覆盖无纺土工布保湿养护。

5)桥面防水层及沥青面层恢复

(1)铺装层混凝土达到强度以后,清除混凝土表面浮浆、浮尘等杂物。

(2)防水层可采用聚合物改性沥青防水涂料、水性环氧防水涂料等。

(3)桥面防水施工应该符合现行《公路桥涵施工技术规范》(JTG/T 3650)的要求。

(4)沥青铺装层应符合现行《公路沥青路面施工技术规范》(JTG F40)的要求。

3.3 质量检验

3.3.1 实测项目

混凝土梁铰缝维修实测项目应符合表3-3-1的要求。

表 3-3-1　混凝土梁铰缝维修实测项目

项次	检验项目		规定值或允许偏差（mm）	检查方法和频率
1	钢筋间距	两排以上排距	±5	尺量；每构件检查2个断面
		同排	±10	
2	混凝土强度		满足设计要求	现行《公路养护工程质量检验评定标准 第一册　土建工程》（JTG 5220）

3.3.2　外观检查

（1）铰缝混凝土不应有明显高差、缺口、裂缝，保持混凝土表面平整。

（2）施工完成后，可进行适当防水测试，观察接缝处是否出现漏水、渗水等现象。

第 4 章　空心板梁腔内维修

4.1　一般规定

（1）空心板梁腔内空洞、底板厚度不足等缺陷，通常采用专用水泥基灌浆料进行腔内注浆；空心板梁抗剪能力不足时通常采用植筋并浇筑高性能混凝土的维修方法，加固范围应根据剪跨比计算确定。

（2）浇筑高性能混凝土维修施工时，宜进行交通管制或相关车道封闭。

（3）进行底板腔内注浆施工前，应在现场进行空心板梁底板厚度等指标调查、专用材料性能指标检验和灌浆工艺的模拟试验，确保能满足技术方案的相关要求。

（4）施工前，应对照实桥和维修设计图测量放样，并根据测量值进行必要修正。如发现实际构造与原设计有出入以及有新的病害产生时，应及时通知维修设计人员。

4.2　施工流程及方法

空心板梁腔内维修施工流程可分为准备、实施以及后期处理三个环节。空心板梁腔内维修施工如图 4-2-1 所示。

图 4-2-1　空心板梁腔内维修施工

4.2.1　施工流程

（1）空心板梁腔内注浆准备施工工艺流程如图 4-2-2 所示。

（2）空心板梁腔内注浆施工工艺流程如图 4-2-3、图 4-2-4 所示。

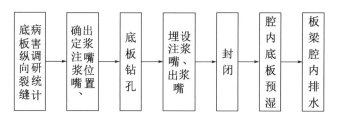

图 4-2-2 腔内注浆准备施工工艺流程图

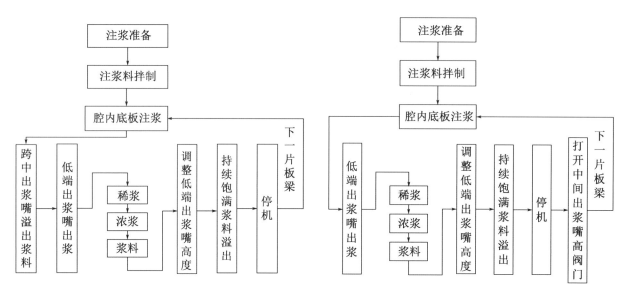

图 4-2-3 梁底纵向无坡度的腔内注浆施工工艺流程图　　图 4-2-4 梁底纵向有坡度的腔内注浆施工工艺流程图

空心板梁腔内浇筑高性能混凝土施工工艺流程如图 4-2-5 所示。

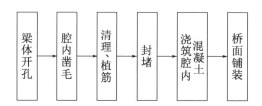

图 4-2-5 空心板梁腔内浇筑高性能混凝土施工工艺流程图

4.2.2 施工准备

1）材料要求

（1）水泥基注浆料

腔内注浆专用水泥基注浆料，具有超高流动性、低泌水、渗透性、微膨胀、较好的黏结强度等特性。其相关性能指标应符合表 4-2-1 的规定。

表 4-2-1 专用水泥基注浆料的性能指标

类别		指标
截锥流动度（mm）	初始值	≥380
	30min	≥340

续上表

类别		指标
竖向膨胀率(%)	3h	0.1~3.5
	24h与3h膨胀之差	0.02~0.50
抗压强度(MPa)	1d	≥15
	3d	≥30
	28d	≥50
氯离子含量(%)		<0.1
泌水率(%)		0
水平状态下材料最小水平流动距离(m)		≥15
与混凝土黏结强度(MPa)		≥2.0

(2)高性能混凝土

空心板梁维修宜采用具有足够强度、施工性能好的高性能混凝土,如自密实混凝土、高强混凝土及超高性能混凝土(UHPC),根据情况可适当加入膨胀剂。

①自密实混凝土:自密实混凝土具有高填充性、间隙通过性和抗离析性,浇筑时无须外力振捣,能够在自重作用下流动并均匀密实地充满模板空间。当配筋密集或混凝土振捣比较困难时,宜采用自密实混凝土。自密实混凝土的相关性能指标应符合现行《自密实混凝土应用技术规程》(T/CECS 203)的规定。

②高强混凝土:高强混凝土的相关性能指标应符合现行《高强混凝土应用技术规程》(JGJ/T 281)的规定。

③超高性能混凝土(UHPC):超高性能混凝土是由水泥、矿物掺合料、集料、纤维、外加剂和水等原材料制成的具有超高力学性能、超高渗透性能的高韧性水泥基复合材料。超高性能混凝土的性能应符合现行《UHPC超高性能混凝土》(T/CECS 10107)的规定。

2)设备要求

设备和机具的配置应包括但不限于:

(1)发电机组。

(2)螺杆式灌浆泵(图4-2-6,配有搅拌机及灌浆管路)、风镐、冲击电钻、切缝机、高压水枪、钢筋探测仪、振捣棒等。

图4-2-6 螺杆式灌浆泵

3）作业要求

本作业适合于环境温度在5℃以上时进行，不应在雨天进行。

4.2.3 空腔内注浆施工

1）注浆前准备

（1）病害核查

①注浆施工前依据桥梁检测报告和加固设计文件进行现场核查。核查内容主要包括病害类型和位置，并按一定编号规则对板梁及病害进行编号，统计待注浆板梁的数量。

②根据核查情况及拟注浆料的平均厚度，初步估算每片板梁所需水泥基注浆料的数量。

（2）初步确定注浆孔和出浆孔位置

根据空心板梁纵向有无坡度，可分为两种工艺进行。

①空心板梁纵向无坡度

对于跨径10m、13m预应力空心板，采用常规灌浆方法，在板梁两端各钻一孔分别作为注浆嘴和出浆嘴。为方便施工并提高灌浆施工效率，应将注浆嘴、出浆嘴分别设置在板梁的高端和低端，钻孔位置以靠近板梁端部500～1000mm为宜。

对于跨径16m、20m预应力空心板，宜采用接力注浆方法。在板梁两端以及跨中位置分别钻孔作为注浆嘴和出浆嘴。跨中位置的钻孔在接力灌浆施工过程中同时作为出浆嘴和注浆嘴，如图4-2-7所示，其中L为空心板长度。

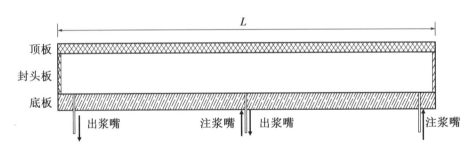

图4-2-7　接力注浆法（无坡度）

②空心板梁纵向有坡度

在板梁两端各钻一孔，钻孔位置以靠近板梁端部500～1000mm为宜，同时在距板梁低端1/3跨径位置处另钻一孔作为出浆嘴，用以调整底板注浆厚度，如图4-2-8所示。

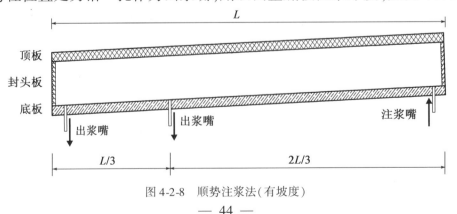

图4-2-8　顺势注浆法（有坡度）

(3)板梁底板钻孔

①钻孔前,结合设计图纸及钢筋探测仪确定预应力钢绞线位置以避免伤及预应力钢绞线。在确定板梁底板注浆嘴及出浆嘴位置后,根据调查所得的板梁截面形式,选择在底板横向厚度最薄处实施钻孔,钻头直径宜采用30.0~30.5mm。

②钻孔时钻头必须贯穿底板。

(4)埋设注浆嘴和出浆嘴

板梁底板灌浆时应以板梁高端作为注浆嘴灌注灌浆料,以提高浆料的可灌性。板梁底板钻孔结束后,应在钻孔位置处植入与钻孔直径相接近的塑料管,并在塑料管上设置相应的刻度线,如图4-2-9所示。

注浆嘴、出浆嘴塑料管刻度线设置要求如下:

①板梁底板高端注浆嘴塑料管插入深度为板梁底板厚度与1.2倍拟灌浆厚度之和,刻度线与板梁底板下缘平齐,如图4-2-10所示。

图4-2-9 注浆嘴及出浆嘴埋设

图4-2-10 刻度线设置

②板梁底板低端出浆嘴塑料管应设置两道刻度线:刻度线1距出浆嘴塑料管顶部的高度为板梁底板厚度,为板梁清洗及预湿做准备;刻度线2距出浆嘴塑料管顶部的高度为板梁底板厚度与拟注浆厚度之和,为板梁腔内底板注浆做准备。在出浆嘴处设置阀门以方便控制注浆厚度。

(5)封闭

采用玻璃胶等材料对注浆嘴、出浆嘴周边进行封闭,采用透明胶带、玻璃胶等材料对较宽底板纵向裂缝下缘粘贴封闭,防止板梁预湿时渗漏水。

(6)板梁腔内底板清洗及预湿

①采用灌浆设备通过注浆嘴向板梁腔内灌注清水来清理底板上方可能存在的浮尘、碎屑等垃圾。为确保底板表面干净需采用不断注水、循环冲洗的方式进行,直至通过肉眼可以判断出水干净、泥屑少见为止。

②板梁底板清洗干净后,关闭出浆嘴阀门,向板梁内腔灌注清水,预湿板梁底板,为后续底板灌浆施工做准备。板梁内腔预湿高度应满足达到1.2倍灌浆厚度的要求,预湿持续时间以6~12h为宜,应根据施工现场气候条件进行调整,如图4-2-11所示。

图 4-2-11 底板清洗

(7) 板梁排水

①当板梁预湿时间满足要求时,打开出浆嘴阀门进行排水。

②拆除粘贴在底板较宽纵向裂缝下缘的透明胶带、玻璃胶等材料,以防贯通纵向裂缝内部存在残留水。

③采用吹风机对接注浆嘴塑料管,尽可能将板梁底板上方可能存在的积水吹出。

④为防止板梁内腔注浆环境过湿,底板注浆应在排水完成 30min 以后进行。

(8) 注浆准备

注浆前的准备工作主要包括:

①检查注浆机械设备的运转情况。

②对于易损设备及部件应考虑相关备用设备及配件。

③对灌浆设备管路注水预湿,预湿时间 2~3min。

④注浆机械管路预湿完成后,方可与板梁底板高端注浆嘴进行对接。

2) 注浆

(1) 注浆料拌制

①采用搅拌机对注浆料进行拌制,参考厂家推荐的水胶比,按照设计材料试验配合比计算加水量,禁止随意更改水胶比。现场拌和时宜先加入 2/3 的用水量,水泥基注浆料拌和用水必须采用饮用水,拌和约 3min,随后加入剩余水量拌和直至均匀。若生产厂家对产品有具体的拌和要求,应按其要求进行拌和。

②每次拌和量应视注浆料使用量和设备容量而定,取一片板梁所需的注浆料量或取其一半为宜,拌和好的注浆料必须保证在 30min 内用尽。当发生意外导致注浆中断时,为防止材料因停机时间过长而堵管,应弃用并清洗设备及管路后再重新注浆。

(2) 腔内底板注浆

①注浆料灌注

随着注浆料从注浆嘴持续注入腔内,注浆料在自重作用下由端部注浆嘴缓慢、匀速、自由流淌至另一端(跨中或梁端)出浆嘴。持续一段时间后跨中或梁端出浆嘴出浆,出浆顺序依次为清水→稀浆→浓浆→饱满浆料,如图 4-2-12 所示。

图 4-2-12　注浆料灌注

②调整或转换出浆嘴

对于平坡常规注浆方法以及有纵坡情况,在饱满浆料溢出后关闭最低端出浆嘴阀门,将出浆嘴塑料管调整至预设刻度线 2 的位置,随后打开出浆嘴阀门。

对于平坡接力注浆方法,待跨中出浆嘴溢出饱满浆料后,将跨中出浆嘴转换为注浆嘴后继续进行接力灌浆。在低端出浆嘴饱满浆料溢出后关闭阀门,将出浆嘴塑料管调整至预设刻度线 2 的位置,随后打开出浆嘴阀门,如图 4-2-13 所示。

③继续注浆

通过注浆嘴继续缓慢均匀地向板梁腔内灌注浆料,直到低端出浆嘴持续溢出饱满浆料后关停灌浆设备,如图 4-2-14 所示。

图 4-2-13　转换出浆嘴

图 4-2-14　饱满浆料溢出

(3)注浆施工控制

①停机并关闭低端出浆嘴阀门

关停注浆设备一段时间后,当出浆嘴浆料溢出量显著减小时,关闭低端出浆嘴阀门。

②打开 $L/3$ 位置处低端出浆嘴阀门

对于纵坡预应力空心板桥底板灌浆,待低端出浆嘴关闭一段时间后(通常 5~10min),打开 $L/3$ 位置处出浆嘴阀门,此时灌浆料持续流出,当出浆嘴浆料溢出量显著减小时,关闭出浆嘴阀门。

3)注浆后处理

底板注浆施工完毕后,清洗注浆设备及管路,清理施工场地并选择合适的时机(一般在注浆料初凝前后为宜)将注浆嘴和出浆嘴塑料管向下拉出 30～50mm,将外露注浆嘴、出浆嘴塑料管割断并保持其畅通,使之作为板梁的通气孔和排水孔。

4.2.4 空腔内浇筑高性能混凝土施工

1)放样和开孔

按照图纸要求在沥青表面放出开孔线样,直接在沥青面层进行开孔,开孔中心位置误差控制在 10mm 以内。梁体顶板开孔时尽量保留原结构钢筋。桥面开孔后,开孔处板梁上除施工人员外不得有重载。

2)腔内凿毛和植筋

(1)为使新、旧混凝土共同参与受力,开孔处腔内旧混凝土表面应做凿毛处理,使其露出粗集料。

(2)凿毛完成后,采用高压水枪对腔内混凝土表面进行整体清理,污水从梁底排水孔流出,随后植筋并进行钢筋绑扎,最后在腔内端部进行封堵,防止漏浆。

3)浇筑混凝土

(1)保持旧混凝土表面湿润并除去明水,随后浇筑混凝土至原铺装层,边浇筑边振捣。

(2)浇筑完成后,所有顶板开孔处再进行充分振捣,避免产生空洞及蜂窝麻面。夏季施工时,要注意适当延长高性能混凝土的初凝时间。冬季施工时,可增加混凝土的防冻性能,适当延长混凝土养护时间。浇筑开孔处应严格控制调平层的高程,保证桥面高差、横坡、纵坡等参数不变。

(3)操作机械的施工人员应佩戴防护眼镜和口罩,避免浆料喷出射伤眼睛以及吸入有害粉尘。

(4)根据情况也可使用自密实混凝土与超高性能混凝土。

4.3 质量检验

1)实测项目

混凝土梁腔内维修施工的实测项目见表 4-3-1。

表 4-3-1 腔内维修施工的实测项目

项次	检验项目	规定允许偏差值	检测方法和频率
1	水泥基灌浆料强度	满足设计要求	现行《水泥基灌浆材料》(JC/T 986)
2	高性能混凝土强度	满足设计要求	现行《高强混凝土应用技术规程》(JGJ/T 281)
3	注浆厚度(mm)	±10	尺量;PVC 管刻度

续上表

项次	检验项目	规定允许偏差值	检测方法和频率
4	钻孔中心位置(mm)	±10	尺量:各钻孔位置
5	钻孔直径(mm)	±2	尺量:各钻孔位置
6	PVC 插入深度(mm)	±2	PVC 管侧面标示

2)底板的钻取芯样

在腔内注浆施工完成 7d 后,对已灌浆处理的预应力空心板桥随机抽样(每 10 片板梁随机抽取 1~2 片)并钻取芯样,芯样直径宜取 25~30mm,测量芯样高度作为评定底板灌浆厚度及厚度差值的主要依据。

(1)钻芯数量及位置

每片板梁钻取芯样数量为 3 个,芯样钻取位置为板梁两端及跨中位置,距离注浆孔和出浆孔 500mm 左右,取样时应避开预应力钢筋。

(2)芯样检查

应对每个芯样进行详细检查,记录芯样底板混凝土品质,如分层、麻面或离析等情况,同时进行拍照存档。当在底板纵向裂缝处钻取芯样时,应观察和测量芯样内底板纵向裂缝的深度。

通过目测观察水泥基灌浆料与底板混凝土的黏结情况,作为评定底板灌浆质量的依据。

(3)芯样厚度

每片板梁 3 个芯样为一组,以芯样灌浆料平均厚度以及厚度差作为评定底板灌浆质量的关键指标。

3)植筋

植筋的相关指标要求可参照本指南 2.3 节。

4)外观检查

(1)梁体表面不应出现新增裂缝、变形等问题。

(2)排水设施应畅通、完好无损。

第5章 粘贴钢板加固

5.1 一般规定

（1）粘贴钢板加固法原则上适用于一般混凝土结构补强，与增大截面法等其他方法相比，自重增加少、维修养护时间短，尤其适用于梁体底部加固。

（2）粘贴钢板施工工艺应依据设计文件确定，设计文件没有明确时，按照以下原则确定：

①钢板厚度≤5mm时，宜采用直接涂胶的方法进行粘贴，一般称为手工涂抹胶粘贴。

②钢板厚度>5mm或钢板面积较大时，宜采用压力注胶粘贴。

（3）钢板应在工厂统一加工，钢板锚栓孔宜现场制作。

（4）钢板及锚栓的防腐处理应满足设计要求。

（5）必要时宜采取交通管制措施。

5.2 施工流程及方法

粘贴钢板加固采用胶粘剂及锚栓，将钢板粘贴锚固在加固区，使其与结构形成整体，从而增强桥梁的承载能力。粘贴钢板工艺根据钢板厚度分为手工涂抹胶粘贴和压力注胶粘贴，如图5-2-1所示。

图5-2-1 粘贴钢板施工

5.2.1 施工流程

粘贴钢板的施工工艺流程如图5-2-2所示。

图 5-2-2　粘贴钢板施工工艺流程图

5.2.2 施工准备

1）材料要求

（1）钢板

钢板宜采用Q235B及以上，其性能应符合现行《低合金高强度结构钢》（GB/T 1591）及《建筑结构用钢板》（GB/T 19879）的规定。

（2）胶粘剂

粘贴钢板用胶粘剂与锚固胶粘剂性能指标应符合本指南附录A.5的规定。

（3）化学锚栓

化学锚栓应满足设计要求。

（4）防腐涂料

钢板防腐涂料应满足现行《公路桥梁钢结构防腐涂装技术条件》（JT/T 722）的相关规定。

2）设备要求

设备与机具的基本配置应包括但不限于：

(1) 发电机组。

(2) 电锤、切割机、钢筋探测仪、打磨机等设备工具。

(3) 电子秤、钢卷尺等辅助工器具。

(4) 水钻、吹气筒等设备工具。

(5) 墨斗、卷尺等测量工具。

(6) 滚筒、孔刷、铅锤、注胶枪、钢丝刷等辅助工器具。

3）作业要求

施工环境应符合以下要求：

(1) 施工时,环境温度应符合材料使用说明书的规定,且不宜低于10℃。

(2) 雨、雪等恶劣天气不应露天施工。

(3) 现场环境湿度超过85%时,不应进行施工。

5.2.3 混凝土表面处理及植锚栓

1）施工放样

（1）对照原桥竣工图,采用钢筋探测仪测量原有钢筋位置。

(2)标记锚栓、粘贴钢板平面位置。

(3)在粘贴钢板上标记锚栓孔位置。

2)混凝土表面处理

混凝土裂缝与混凝土破损维修处理具体施工工艺参见本指南2.1节及2.2节。

3)植入锚栓

植锚栓的工艺参见本指南2.3节。

5.2.4 钢板加工制作

(1)钢板应按照设计要求的钢板种类、型号及线形进行加工,钢板下料宜采用工厂等离子切割,严禁现场切割。切割时应保证边缘表面光滑,无毛刺、咬口及翘曲等缺陷。

(2)钢板预留锚栓孔直径应按照加固设计文件确定,宜在混凝土基面种植锚栓完成后,在施工现场依据锚栓实际位置,采用电磁金刚钻、激光钻等现场制作。

(3)钢板的粘贴面可采用喷砂、磨光砂轮机或电动钢丝刷进行除锈打磨,打磨纹路应与钢板受力方向垂直,如图5-2-3所示。

(4)钢板焊接较长时,为增大钢板焊接有效面积,接缝宜采用垂直钢板方向斜向45°角坡口焊并在距焊缝两侧50~100mm内各布置一颗螺栓。

5.2.5 配置胶粘剂

胶粘剂的甲、乙两组分按配比混合调配,搅拌均匀,直至无单组分条纹。配制的胶体应在产品使用说明书规定的时间内用完,如施工温度超过30℃时,结构胶应随配随用,每次配料均应在20min内用完,如图5-2-4所示。

图5-2-3 钢板打磨

图5-2-4 配置胶粘剂

5.2.6 钢板粘贴

1)钢板厚度≤5mm

钢板厚度≤5mm时,宜采用涂抹粘贴法,施工应符合以下要求:

(1)粘贴钢板涂胶前,先将钢板与混凝土粘贴面做预粘贴,防止涂胶后两粘贴面不吻合、尺寸不符。

(2) 钢板和混凝土表面分别涂胶时，立面涂胶应自上而下进行，钢板条粘贴面的抹胶中间厚两边薄，板的中央涂抹胶的厚度为 3～5mm，如图 5-2-5 所示。

(3) 将钢板平稳对准锚栓孔并迅速拧紧螺母，先将钢板中间的螺栓拧紧，随后对称向外围将所有螺栓拧紧，使钢板与混凝土紧密粘合，直至挤压至钢板边缘溢出胶体为止，最后清除挤出的多余胶粘剂，如图 5-2-6 所示。

图 5-2-5　钢板表面涂胶

图 5-2-6　钢板安装

2) 钢板厚度 >5mm

钢板厚度 >5mm 时，宜采用压力注胶法，施工应符合以下要求：

(1) 钢板安装

将钢板固定在螺栓上，为确保灌注胶层的厚度在 3mm 以上，应保证钢板与混凝土表面的间隙大于 3mm。

(2) 安装注浆嘴、排气孔、钢板封边

①将注胶嘴粘接在钢板的注入孔上，注入孔宜在钢板的最低处位置，注胶嘴间距一般为 300～500mm。

②在钢板边缘插入排气管，排气孔宜在钢板的最高处位置。

③将钢板边缘进行封闭。

(3) 密封性检验

灌浆之前先进行通气试压，检查封闭带是否封严。在封闭带及注胶嘴、排气孔周围涂上肥皂水，采用压缩气体通过注胶嘴，如通气后发现泡沫，应对漏气部位再次封闭。

(4) 灌注胶体

①用泵将灌注胶从注胶嘴灌注到钢板与混凝土的空隙中，灌注工作持续到所有排气管均有胶液流出。在灌注过程中，可用橡皮锤敲打钢板排出空气。

②以 0.3～0.4MPa 的压力将灌注胶通过注浆嘴压入，当排气孔出现浆液后停止加压，随后用钢板封边胶封堵孔隙，再进行 10min 以上的低压灌注。

(5) 清理

经检验确认粘贴钢板固化密实效果可靠后，拆除所有注入嘴和排气管，并清除钢板表面污垢。

5.2.7 固定与加压

(1)采用手工涂抹胶粘贴时,钢板粘贴好后应立即用特制U形夹具夹紧或用木杆顶撑,压力保持为0.05~0.1MPa,宜使胶液从钢板边缝挤出。

(2)钢板加压时应由中间向两边对称进行,如图5-2-7所示。

图5-2-7 夹具加压

5.2.8 固化与后处理

固化与后处理应满足以下要求:

(1)养护固化时间应符合产品说明书要求,固化期间应避免扰动。

(2)固化后,应用小锤分区敲击钢板,判断黏结效果。若黏结面积<95%,应剥下并重新粘贴或采取有效措施补粘。

(3)结构胶在常温、低温情况下均可良好固化。若固化温度在25℃左右,24h即可撤除加压固定系统,72h即可正常使用。

(4)若气温≤15℃时,应采用加温或保温措施,或采用特殊的胶粘剂。

(5)钢板与混凝土表面之间的侧角缝隙用稠度较高的环氧树脂水泥砂浆填塞、勾缝,锚栓帽用环氧树脂水泥砂浆封盖,如图5-2-8所示。

a)钢板侧角填塞、勾缝

b)环氧砂浆封盖

图5-2-8 后处理

5.2.9 钢板防腐处理

钢板防腐处理具体工艺可参见本指南 2.5 节。防护处理施工如图 5-2-9 所示。

a)钢板防腐涂装

b)涂装厚度检测

图 5-2-9　防护处理施工

5.3　质量检验

5.3.1　实测项目

施工检验的实测项目应符合表 5-3-1 的规定。

表 5-3-1　桥梁粘贴钢板加固作业的实测项目

项次	检查项目	规定值或允许偏差	检查方法和频率
1	钢板尺寸偏差(mm)	≥-10	钢尺:全数检查
2	锚栓孔深度(mm)	+10、0	游标卡尺及角尺:抽查 20%,且不少于 5 处
3	锚栓孔直径(mm)	+2、-1	
4	钻孔垂直度(°)	3	
5	粘贴有效面积(%)	≥95	参见本指南附录 E
6	防腐涂层厚度	满足设计要求	漆膜测厚仪;每钢板测 5 处,每处测 3 个点,取其平均值
7	黏结力(MPa)	满足设计要求	参见本指南附录 A.5
8	锚栓间距	±20mm	钢尺:全数检查

5.3.2　外观检查

(1)钢板边缘应有胶液挤出,胶液应固化。
(2)钢板表面防腐层涂刷应均匀,无滴漏、气泡、裂纹、流挂等缺陷。

第 6 章 粘贴碳纤维布加固

6.1 一般规定

(1)粘贴碳纤维布加固适用于空间受限、加固构件的截面和自重不宜增加的情况。
(2)粘贴碳纤维复合材料之前,必须先对原构件进行表层缺陷修补和裂缝处置。
(3)结构补强用的碳纤维布原则上应使用 I 级碳纤维布。
(4)粘贴碳纤维布之前,应对构件的棱角位置进行圆形倒角处理,以防止锐角对碳纤维布产生损伤。

6.2 施工流程及方法

粘贴碳纤维布的优点在于其施工简便、效果显著且成本相对较低。此外,碳纤维布还具有耐腐蚀、耐疲劳等特性,可以在恶劣的环境条件下长期保持其性能稳定。粘贴碳纤维布加固施工如图 6-2-1 所示。

6.2.1 施工流程
粘贴碳纤维布加固的施工工艺流程如图 6-2-2 所示。

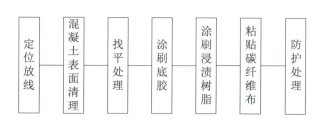

图 6-2-1 粘贴碳纤维布施工　　图 6-2-2 粘贴碳纤维布加固施工工艺流程图

6.2.2 施工准备
1)材料要求
(1)碳纤维布

碳纤维布加固一般选用热膨胀系数低、抗拉强度高、抗腐蚀性好的碳纤维布,基材采用不大于 12k(1k = 1000)的小丝束聚丙烯腈基(PAN 基纤维),如图 6-2-3 所示。

图 6-2-3 碳纤维布

碳纤维布的主要力学性能指标应满足设计要求,若设计无要求时应满足表 6-2-1 的要求。高速公路桥梁维修宜选用 I 级碳纤维布。

表 6-2-1 碳纤维布主要力学指标

项次	项目	I 级	II 级
1	抗拉强度标准值(MPa)	≥3400	≥3000
2	弹性模量(MPa)	≥2.4×10^5	≥2.1×10^5
3	伸长率(%)	≥1.7	≥1.5
4	弯曲强度(MPa)	≥700	≥600
5	纤维复合材料与基材正拉黏结强度(MPa)	(1) 对混凝土基材:≥2.5,且为混凝土内聚破坏; (2) 对钢基材:≥3.5,且不应为黏附破坏	对混凝土基材:≥2.5,且为混凝土内聚破坏

注:碳纤维布的抗拉强度和弹性模量按碳纤维布的平均厚度计算。

2) 黏结材料

黏结材料包括找平材料、底层涂料和浸渍树脂三类材料。黏结材料的性能是保证碳纤维布与混凝土共同工作的关键,需保证碳纤维布与混凝土间剪力的传递,同时应有足够的韧性,并应能在一般气候条件下固化,且固化时间一般保证在 3h 左右。此外,黏结材料还应具有对水分含量不敏感、具有适宜的流动性和黏度、固化收缩率小等特点。

(1) 找平材料(修补胶)

碳纤维布只有与所加固补强的混凝土表面紧密接触,才能产生良好的补强效果。但是混凝土表面的锐利突起物、错位和转角部位等都可能使碳纤维布产生损伤。当表面缺陷难以通过基底处理彻底清理的情况下,在涂敷的底层涂料干燥后,应使用修补胶找平。修补胶相关性能应符合本指南附录 A.4 的相关规定。

(2) 底层涂料(底胶)

在处理好的混凝土表面涂一层较薄的底层涂料,既可以浸润混凝土,增强混凝土表面强度,又可以使混凝土与碳纤维布黏结性得以提高。底胶相关性能应符合本指南附录 A.4 的相关规定。

（3）浸渍树脂（碳纤维胶）

底胶与碳纤维布之间宜使用浸渍树脂（碳纤维胶）连接底胶与碳纤维布，其相关性能应符合本指南附录 A.6 的相关规定。

3）设备要求

设备和机具的配置应包括但不限于：打磨机、台秤、滚筒刷、刮刀、手锤、温度计、橡胶平辊、橡胶螺旋辊等，如图 6-2-4 所示。

a) 橡胶平辊　　　　　　　　　b) 橡胶螺旋辊

图 6-2-4　机具设备

4）作业要求

本作业适合在天气良好、环境温度5℃以上时进行，具体参考施工所用材料产品说明书确定。

6.2.3　粘贴前处理

1）测量放样

按照施工图纸及现场情况对加固结构进行定位和放样，在放样时要留出比所粘贴的碳纤维布位置四周多放出 3mm 的打磨余量。

2）基面处理

（1）用打磨机清除混凝土表面的劣化层（剥离、浮浆、松散的混凝土碎屑等），应露出干净、坚实的基面，对基面明显凸起的区域与混凝土模板接头处的阶梯状错位区域，应用混凝土角磨机磨平，将截面边角打磨处理成圆弧状，圆弧半径不宜小于 20mm，如图 6-2-5 所示。

图 6-2-5　混凝土基面打磨

(2)基面处理工艺参见本指南2.2节。

(3)修补表面若有细微裂缝则不需要另行处理,可与基底处理同步进行。对于宽度≥0.15mm的裂缝,应采用恒定低压压注裂缝灌注胶,具体施工工艺可参见本指南2.1节。

(4)对基面经过剔凿、处理锈蚀露筋时可能出现急剧凹陷或构件缺损的部位,应用轻质修补砂浆或找平材料修复平整,使其圆滑顺畅过渡,以确保其平整美观。具体施工工艺参见本指南2.2节。

(5)清理打磨后基面上的粉尘、松散浮渣,确保粘贴基面干净、无油污并充分干燥。

6.2.4 涂刷胶体

1)涂底胶

(1)调制好的底胶应及时使用,用一次性软毛刷或特制滚筒将底胶均匀涂抹于混凝土表面,不得漏刷、流淌或有气泡。待底胶固化后检查涂胶面,如涂胶面上有毛刺,应用砂纸打磨平顺;如胶层被磨损,应重新涂刷,固化后方可进行下一道工序。

(2)底胶固化后应尽快进行下一道工序,若涂刷时间超过7d,应清除原底胶,用砂轮机磨除,重新涂抹。

(3)待底胶凝固至指触干燥(视施工现场气温情况,一般需1h左右)后,方可进行下一道工序,如发现表面有突起毛刺,应用砂布打磨光顺,注意不能将底胶层磨穿。若将底胶层磨穿,则应重复上述操作步骤。

2)涂刷浸渍树脂

(1)根据黏结胶的标准用量和现场气温等实际情况,计算出所涂布面积的需用量,在适用期内一次用完。按黏结胶使用说明规定的比例把黏结胶主剂和固化剂置于配胶容器中,用电动搅拌器搅拌均匀。

(2)用滚刷或毛刷均匀、无遗漏地将黏结胶涂抹在标定的混凝土表面,黏结胶涂布面应不小于所粘贴的碳纤维布大小。

6.2.5 粘贴碳纤维布

1)粘贴碳纤维布施工

(1)按设计要求的尺寸裁剪碳纤维布,不宜在幅宽方向进行裁剪。

(2)在已涂好黏结胶的混凝土表面铺覆碳纤维布,碳纤维布的铺覆方向应符合设计要求,一层中各张碳纤维布之间的搭接应沿着纤维方向进行。

(3)碳纤维布沿纤维受力方向的搭接长度不应小于100mm,搭接位置宜避开主要受力区。当采用多条或多层加固时,其搭接位置应错开200mm。

(4)粘贴立面碳纤维布时应按照由上到下的顺序进行,如图6-2-6所示。用胶辊在碳纤维布上沿纤维方向施加压力并反复碾压,使树脂胶液充分浸渍碳纤维布,消除气泡和除去多余树脂,使碳纤维布和底层充分黏结。

图 6-2-6 粘贴碳纤维布

2）锚固压条

经自然养护至黏结胶完全固化后，对碳纤维布粘贴面仔细检查，若碳纤维布贴层有空鼓或气泡，可用刀片沿碳纤维平行方向划开小口，随后采用注射器针管将调制好的黏结胶注入空鼓或气泡内填充至密实，应保证密实粘贴面积大于95%。

粘贴碳纤维布端部位置宜设置垂直于受力方向的锚固压条，防止端部滑移或翻起。压条宜采用同等碳纤维布，宽度宜为200～250mm。

3）碳纤维布表面防护处理

在粘贴纤维布的表面进行涂装等防护措施，使结构加固范围内外表面色彩相近，提高防火、防腐、耐湿、耐久性能。

6.3 质量检验

6.3.1 实测项目

粘贴碳纤维布加固施工的具体实测项目见表6-3-1。

表6-3-1 粘贴碳纤维布实测项目

项次	检查项目	规定值或允许偏差	检查方法和频率
1	碳纤维布尺寸(mm)	±2	尺量：全部
2	平整度(mm)	≤2	50cm直尺：每个粘贴面检查
3	碳纤维有效粘贴面积占比(%)	≥95	参见本指南附录E
4	平面偏位(mm)	≤10	尺量：抽样20%
5	沿纤维方格搭接长度(mm)	≥100	尺量：抽样20%
6	正拉黏结强度(MPa)	满足设计要求	现行《公路养护工程质量检验评定标准 第一册 土建工程》(JTG 5220)
7	空鼓率(%)	≤5，且单个面积≤1000mm²	红外线或敲击：抽查50%

6.3.2　外观检查

(1)粘贴混凝土表面应打磨平整且无污染,裂缝修补到位。倒角半径应符合圆弧化要求。

(2)粘贴纤维布的表面应平整、无跳丝,底胶涂刷应均匀、饱满、无遗漏。

(3)修补胶刮涂密实,修补后表面无明显凹陷,应打磨平顺、清洁干净。

(4)涂胶饱满、纤维布张紧、密贴、粘贴牢固,最外层浸渍胶饱满、均匀。

第 7 章　体外预应力加固

7.1　一般规定

（1）体外预应力加固是通过增设体外预应力索（包括钢绞线、高强钢丝束和精轧螺纹钢筋）对既有混凝土梁体主动施加外力，以提升原结构承载能力和抗裂性能的加固方法。

（2）体外预应力加固一般适用于混凝土箱梁、混凝土 T 梁以及组合箱梁等桥梁。

（3）桥梁加固前，应对原桥进行现场勘察，并收集设计、竣工、交通量信息、养护检查、荷载试验、维修加固历史等资料，同时针对设计文件进行复核。

（4）体外预应力加固施工时宜对结构及构件的受力及变形进行全过程监控。

（5）在进行新增混凝土浇筑与养护、预应力张拉等工序时，宜采取适当的交通管制措施。

（6）体外预应力加固用锚固装置、转向装置、定位装置、减振装置中的钢构件，应按设计要求进行防腐处理。

7.2　施工流程及方法

体外预应力加固技术具有施工简单、可显著提高结构承载能力等优点，在桥梁维修加固中得到广泛的应用。在役桥梁由于预应力损失、裂缝或变形过大、超载等因素的影响，或者由于公路桥梁荷载等级提升，可采用体外预应力加固。体外预应力加固施工如图 7-2-1 所示。

图 7-2-1　体外预应力加固施工

7.2.1 施工流程

体外预应力加固施工工艺流程如图 7-2-2 所示。

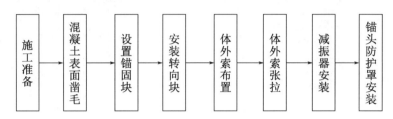

图 7-2-2 体外预应力加固施工工艺流程图

7.2.2 施工准备

1）材料要求

体外预应力加固组件一般包括体外预应力索、锚具、钢锚固块、转向块以及减振装置等。桥梁体外预应力加固使用的主要材料，应具有国家相关管理部门认定的产品性能检测报告和产品证书，其物理力学性能指标应满足设计要求。材料的检验应依据国家及行业现行有关标准执行。

（1）体外预应力索

体外预应力索可由无黏结钢绞线束热挤高密度聚乙烯（HDPE）护套组成。

（2）锚具

体外预应力加固用锚具应符合现行《高速公路施工质量检查技术标准》（DB32/T 4406）的规定。

（3）钢锚固块、转向块

①钢锚固块、转向块的制作与安装应符合现行《公路桥涵施工技术规范》（JTG/T 3650）的规定。

②采用钢管的转向器分为集束式和散束式两种。集束式转向器的管材宜采用无缝钢管，钢管材料应符合现行《结构用无缝钢管》（GB/T 8162）的规定；散束式转向器应由分散的引导管组成，引导管应采用无缝钢管或聚乙烯（PE）管。

（4）减振装置

减振装置由定位部件和减振材料组成，为便于维护宜使用可拆卸及可更换部件，并应采取适当的防腐措施。

2）设备要求

设备和机具的基本配置应包括但不限于：千斤顶、油泵、钢筋探测仪、切割机等，如图 7-2-3 所示。

千斤顶、压力表和油泵应进行配套标定，当出现使用时间超过 6 个月、张拉次数超过 300 次、使用过程中千斤顶或压力表出现异常情况或千斤顶检修或更换配件任一情况时，应重新进行标定。

3）作业要求

（1）本作业适合在天气良好、环境温度 5℃ 以上时进行。

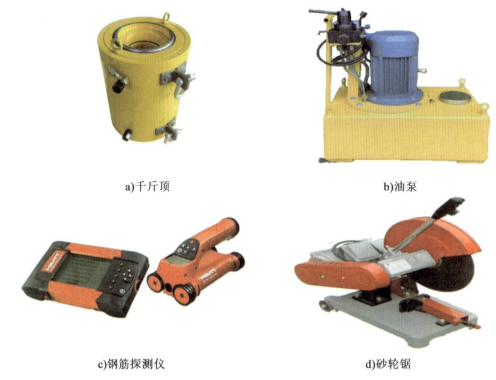

a) 千斤顶　　　　　　　b) 油泵

c) 钢筋探测仪　　　　　d) 砂轮锯

图 7-2-3　机具设备

(2) 在桥梁的箱室内施工时,应有足够的通风、照明措施,确保施工人员安全和健康,夏天还要有相应的降温措施,箱梁内施工应参照有限空间的安全作业要求。

(3) 体外预应力张拉期间应采取必要的安全防护措施,防止发生伤人事故。

7.2.3　锚固块和转向块设置

1) 锚固块、转向块放线定位

(1) 根据设计图纸和现场情况对锚固块、转向块进行定位放线,确定钻孔位置,如图 7-2-4 所示。

(2) 锚固块和转向块等相关设施的安装前应使用钢筋探测仪确定内部钢筋位置,以避免伤及内部普通钢筋和预应力钢筋。如遇到受力钢筋,可适当移动钻孔位置。

图 7-2-4　放线定位

2）混凝土凿毛

（1）使用打磨机对混凝土表面进行打磨处理，如图7-2-5所示，除去锚固块和转向块安装位置表面松散的浮渣，直至露出混凝土新面，并进行清洁和干燥处理。

（2）按设计要求可设置剪力槽。剪力槽的宽度不小于100mm，纵向中心距不大于300mm。

图7-2-5　混凝土凿毛施工

3）植筋（锚栓）

（1）植筋（锚栓）具体施工步骤参见本指南2.3节。

（2）采用定型化学锚栓时，对于承受拉力的锚栓，有效锚固深度不得小于8倍的锚栓直径；对于承受剪力的锚栓，有效锚固深度不得小于6.5倍的锚栓直径。不得采用膨胀型螺栓作为桥梁主要承重构件的连接件。

4）混凝土锚固块、转向块安装

混凝土锚固块、转向块是在现场梁体部位增设模板、浇筑混凝土。混凝土转向块主要的构造形式有附着式、半横梁式和横梁式。

（1）按设计图纸设置预埋管，待胶粘剂固化后，方可焊接和绑扎钢筋，保证预埋管定位准确和牢固，如图7-2-6所示。与植入的钢筋进行焊接时，应采用可靠的保护和降温措施，避免焊接时产生的热量烧伤和损坏锚栓孔内的胶粘剂，降低胶粘剂性能。

（2）按照锚固块和转向块的结构尺寸立模，模板在安装过程中需设置防倾覆的临时固定设施，固定在模板上的预埋件和预埋孔均不得遗漏。模板安装应牢固，位置应准确，安装完成后，其尺寸、平板位置应满足设计要求，如图7-2-7所示。

（3）宜采用早强、低收缩且抗裂性好的自密实混凝土，其强度应不低于原结构主梁强度。浇筑普通混凝土时应充分振捣，使混凝土密实，避免孔洞及蜂窝麻面的产生，振捣时振捣器应与预埋件保持一定的安全距离。

（4）混凝土应加强养护，浇筑时应制作同条件的养护试块。试块的强度与弹性模量满足设计要求时方可进行张拉；若无设计要求，则需满足规范要求。

图 7-2-6　预埋管安装

图 7-2-7　模板搭设

5）钢锚固块、转向块安装

钢锚固块、转向块是在工厂制作钢构件,在现场采用螺栓或焊接等方法和梁体连为一体,以传递体外预应力。钢转向块的主要构造形式有附着式、抱箍式和横梁式。

(1) 锚固块和转向块由专门的钢结构加工厂家进行分块制作,运输至现场后进行焊接拼接和涂装,焊接完成之后进行焊缝探伤检测,如图 7-2-8 所示。

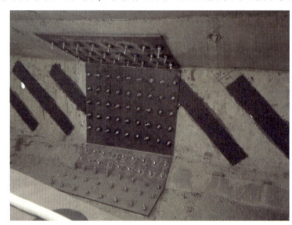
a) 钢转向块拼接

b) 预埋管道安装

c) 钢锚固块安装

图 7-2-8　钢转向块、锚固块安装

(2)将钢锚固块、转向块安装至梁体对应的锚栓上,进行初步定位。

(3)锚固块、转向块钢板和混凝土的表面宜塞垫3mm厚的垫片,垫片间距宜为200mm,提前预留出压力注胶的空间,压力注胶具体施工步骤参见本指南5.2节,注意检查有无脱空和漏胶等现象,确保黏结质量。

(4)胶体完全固化前不得扰动锚栓,钢构件螺母紧固应在胶体固化后进行。

7.2.4 体外预应力索布置

(1)体外预应力索下料长度应根据设计长度计算确定,同时考虑张拉设备和锚固所需的额外工作长度。体外预应力索应采用机械切割,不得采用电弧切割。

(2)按照设计预应力索放样位置穿束,穿束时注意不要损坏钢绞线的HDPE护套,如有损伤应及时处理。应保证穿入转向器的各股钢绞线顺直、无交叉。

(3)预应力束安装完成后,依次安装两端头的锚环、夹片等结构,安装过程中要做好防护,保障夹片的完好性。

(4)对体外预应力索外护套破损处,采用外包防水聚乙烯胶带进行修补,每圈胶带搭接宽度不应小于胶带宽度的1/2,缠绕层数不应少于2层,缠绕长度应超过破损长度30mm,严重破损的体外预应力索应予以更换。

7.2.5 体外预应力索张拉

1)预应力张拉

(1)张拉控制应力应满足设计要求。

(2)在张拉前,应对体外预应力索两端同时预紧,保证两端体外预应力索的工作长度相差不大,确保体外预应力索绷紧、顺直、不缠绕。锚具定位准确后,方可施加初始应力,初始应力宜为张拉控制应力的10%~25%。

(3)张拉力应分级施加,分级次序为:张拉控制应力的0→15%→30%→50%→80%→100%。

(4)体外预应力索的两端宜进行同步张拉,桥梁横截面体外预应力索宜对称张拉。体外预应力索两端千斤顶之间同步张拉力的允许误差宜为±2%,张拉至控制应力时,应保持千斤顶持荷时间不少于5min后方可锚固,张拉设计控制应力的精度宜为±1.5%。

(5)体外预应力张拉采用张拉力与伸长值双控的原则,以张拉力为主,张拉伸长值误差应在±6%范围内。

2)张拉过程监控

(1)主梁应力和位移监测:测量体外预应力张拉前、张拉过程中、张拉后的控制截面各测点的应力和位移,比较张拉前后应力、位移的变化情况,若发生异常情况,应停止施工,如图7-2-9所示。

(2)桥梁既有裂缝观测:观测体外预应力张拉前、张拉过程中、张拉后既有主要裂缝的宽度和长度发展情况。

(3)观察新浇混凝土及其结合面的局部裂缝和变形情况,如有异常,应立即停止施工,待查明原因,由设计复核后方可继续施工。

(4)应严格控制体外预应力索线形,若体外预应力索线形不平顺,易导致张拉断丝或转向器钢管变形、撕裂等事故发生,甚至产生安全问题。

a)千斤顶油压监测

b)伸长量测量

c)控制截面位移监测

图 7-2-9 张拉过程监控

7.2.6 减振器安装

(1)减振器应按图纸设计进行放样,根据索体的现场空间位置对减振器的连接构件精确下料。

(2)减振器应与主体结构连接可靠,宜先安装固定端,待体外索锚固完成之后再调整安装锁夹端,如图 7-2-10 所示。

(3)安装锁夹时应通过调节螺杆将索体紧固,使锁夹内橡胶垫与索体紧密,避免对索体产生不利的横向力。

(4)焊接减振器时要采取防火措施,避免对索体产生损伤。

图 7-2-10　减振器安装施工

7.2.7　锚头防护罩安装

（1）张拉工作完成之后,用水泥砂浆或环氧水泥砂浆填平锚固板和垫板之间的凹槽,防止钢垫板锈蚀及锚固螺栓松动。

（2）按设计要求在锚具喇叭管内和外套筒内灌注防腐材料(防腐油脂、油性蜡、发泡剂、防腐密封胶等)。

（3）安装防松脱装置和保护罩,如图 7-2-11 所示。对于不可更换的体外预应力体系,在防护罩内灌注水泥浆;对于可更换的体外预应力体系,从注油口压注专用防腐油脂,直至密封罩内充满油脂,排气口均匀出油。

图 7-2-11　保护罩安装施工

7.3　质量检验

7.3.1　实测项目

（1）采用混凝土锚固块和转向块的质量检验内容应包括:混凝土锚固块和转向块施工、体外预应力安装与防护实测项目。

（2）采用钢结构锚固块和转向块的质量检验内容应包括:锚栓施工、钢结构锚固块和转向块施工、体外预应力安装与防护实测项目。

（3）采用混合锚固和转向块的质量检验内容可根据实际结构形式划分。

（4）植筋和锚栓实测项目应符合本指南2.3节的规定；混凝土锚固块和转向块实测项目应符合表7-3-1的规定；钢结构锚固块和转向块实测项目应符合表7-3-2的规定；体外预应力索安装与防护实测项目应符合表7-3-3的规定。

表7-3-1 混凝土锚固块和转向块实测项目

项次	检查项目		规定值或允许偏差	检查方法和频率
1	混凝土抗压强度(MPa)		满足设计要求	现行《公路养护工程质量检验评定标准 第一册 土建工程》(JTG 5220)
2	断面尺寸(mm)		+10,-5	尺量:每个构件测3个断面
3	空间位置(mm)		±50	尺量:每个构件测3处
4	顶面或底面高程(mm)		±5	水准仪:测5处
5	平整度(mm)		≤5	2m直尺:每个侧面测1~2处,测竖向、水平两个方向
6	预埋管道位置(mm)		≤5	尺量:每个预埋管道
7	预埋管道转角(°)		±2	尺量:每个预埋管道
8	剪力槽	平面尺寸(mm)	+10,-10	尺量:每个剪力槽测2个断面
9		深度(mm)	+5,0	尺量:每个剪力槽测2个点

表7-3-2 钢结构锚固块和转向块实测项目

项次	检查项目		规定值或允许偏差	检查方法和频率
1	制作阶段	构件长度(mm)	+5,0	尺量:每块
2		构件宽度(mm)	+5,0	
3		倒角尺寸(mm)	±2	
4		对角线长度(mm)	+10,0	
5		孔中心距离(mm)	±2	
6		偏转角(°)	±1	
7		焊缝质量	满足设计要求	超声法:每条；射线法:按设计要求；设计未要求时按10%抽查,且不少于3条
8		防腐涂层干膜总厚度(μm)	满足设计要求	按设计要求检查,设计未要求时用测厚仪检查:逐件,每件不少于5点
9		防腐涂层附着力(MPa)	满足设计要求	按设计要求检查,设计未要求时用拉开法检查:抽查5%且不少于2件,每件测1处

续上表

项次	检查项目		规定值或允许偏差	检查方法和频率
10	钢转向装置及集束转向器安装阶段	钢混接合面缝隙(mm)	不允许	目测
11		高强螺栓终拧扭矩（N·m）	满足设计要求	扭力扳手检测:抽查30%
12		安装中心位置(mm)	±10	尺量:每根
13		线形转向角(°)	±2	尺量:每根

表 7-3-3 体外预应力索安装与防护实测项目

项次	检查项目		规定值或允许偏差	检查方法
1	张拉应力（MPa）	单根(束)应力	满足设计要求	查油压表读数
		张拉力不均匀度	±2%	
2	张拉伸长率		满足设计要求,未规定时,±6%	尺量
3	断丝、滑丝数	钢束	不允许	目测:全部
		钢筋		
4	减振装置纵向间距(mm)		±100	尺量:抽查20%

7.3.2 外观检查

（1）混凝土锚固块和转向块外观质量应符合下列规定：

①混凝土构件表面平整,不得出现蜂窝、麻面。

②混凝土构件不得出现裂缝等病害。

（2）钢结构锚固块和转向块外观质量应符合下列规定：

①钢结构锚固块及转向块安装牢固、无松动。

②钢锚块、钢转向块等钢构件轮廓线顺直,无明显折变。

③焊缝应无裂纹、气孔、焊瘤、夹渣、电弧擦伤、未焊透、未填满弧坑,构件表面应无焊渣和飞溅物。

④钢构件防腐涂层应完整光洁、均匀一致,无破损、气泡、裂纹等缺陷。

（3）体外预应力索外观质量应符合下列规定：

①预应力索的防护层应无裂纹、损伤,外表清洁,无易燃物附着。

②预应力索与减振装置间的橡胶垫块(圈)不得出现缺失或破损。

第8章　预应力纤维板加固

8.1　一般规定

（1）预应力纤维板加固一般采用碳纤维板、玄武岩纤维板等材料，通过张拉纤维板提升混凝土梁桥抗弯承载力。

（2）预应力纤维板加固一般适用于截面偏小或配筋不足的受弯、受拉和大偏心受压构件的加固。

（3）采用本方法加固的混凝土结构，其长期使用的环境温度不应高于60℃。处于特殊环境（如高温、高湿、介质侵蚀、放射等）的混凝土结构采用本方法时，除应按国家现行有关标准的规定采取相应的防护措施外，尚应采用耐环境作用的结构胶粘剂，并按规定的工艺要求施工。

（4）被加固的混凝土结构构件，其现场实测混凝土强度等级不得低于C25，且混凝土表面的正拉黏结强度不得低于2.0MPa。

（5）粘贴预应力纤维板加固钢筋混凝土结构构件时，通常将纤维板受力方式设计成仅承受拉应力作用，纤维板可直接粘贴在混凝土表面。

8.2　施工流程及方法

预应力纤维板加固具有节省空间、施工简便、不需要现场固定设施、施工质量易保证、基本不增加结构尺寸及自重、耐腐蚀和耐久性能好等特点。采用该方法还可显著提高桥梁的使用寿命，降低成本。粘贴纤维板施工如图8-2-1所示。

图8-2-1　粘贴纤维板施工

8.2.1 施工流程

预应力纤维板加固施工工艺流程如图 8-2-2 所示。

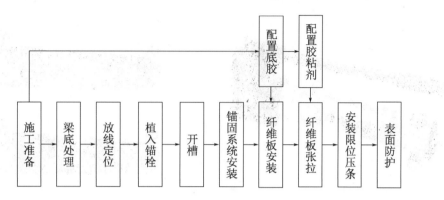

图 8-2-2 粘贴纤维板施工工艺流程图

8.2.2 施工准备

1）材料要求

预应力纤维板加固使用的材料主要包括纤维板、纤维板胶粘剂、紫外线防护材料。使用的碳纤维板材料表面应无缺损、划痕。纤维板主要力学性能指标应满足设计要求，若设计要求未进行规定，则应符合表 8-2-1、表 8-2-2 的要求。高速公路桥梁的维修加固碳纤维板宜采用Ⅰ级板，玄武岩纤维板宜采用 BF-P-1300 板。

纤维板胶粘剂及底胶的性能指标应符合本指南附录 A.6 的规定，纤维板胶粘剂等材料要全部严格按照配合比进行调配，材料的取用要经过电子秤精准称量，以确保材料的使用性能。

表 8-2-1 碳纤维板主要力学性能

项次	项目	Ⅰ级	Ⅱ级
1	抗拉强度标准值（MPa）	≥2400	≥2000
2	弹性模量（MPa）	$\geq 1.6 \times 10^5$	$\geq 1.4 \times 10^5$
3	伸长率（%）	≥1.7	≥1.5
4	纤维复合材料与混凝土正拉黏结强度（MPa）	≥2.5，且为混凝土内聚破坏	≥2.5，且为混凝土内聚破坏
5	层间剪切强度（MPa）	≥50	≥40

表 8-2-2 玄武岩纤维板主要力学性能

项次	项目	BF-P-1000	BF-P-1300
1	拉伸强度（MPa）	≥1000	≥1300
2	弹性模量（MPa）	$\geq 4.5 \times 10^4$	$\geq 5.5 \times 10^4$
3	断裂伸长率（%）	≥2.0	≥2.3

2）设备要求

设备和机具如图 8-2-3 所示。基本配置应包括但不限于：

(1) 预应力纤维板张拉用手压泵、千斤顶、打磨机、钻孔机、注胶枪等。
(2) 空鼓锤、游标卡尺、卷尺、直角钢尺、激光角度仪等。

a) 纤维板张拉用手压泵　　　　　　　b) 千斤顶

图 8-2-3　设备和机具

3) 作业要求

(1) 宜在环境温度高于 5℃ 的条件下进行,同时应符合加固用胶粘剂的施工温度,当环境温度低于 5℃ 时,应采用低温固化型的胶粘剂或采取升温措施。

(2) 张拉作业区域设置明显警示牌,张拉过程中严禁随意走动,必须在安全范围内作业,作业前必须在张拉端设置防弹玻璃或防护木板做安全防护。

8.2.3　锚具设置

1) 梁底处理

(1) 混凝土构件基面严重污染时,应先用硬毛刷沾高效洗涤剂刷除表面油垢污物,后用清水冲洗,再用打磨机进行打磨,除去 2～3mm 厚的表层,直至完全露出新面,并清除粉粒。

(2) 混凝土构件基面较为干净整洁时,可直接对黏结面进行打磨,除去 1～2mm 厚的表层,直至完全露出新面,并清除粉粒。

(3) 打磨处理范围应在梁底纤维板粘贴位置两侧留有 40mm 余量,待完全干燥后用丙酮或酒精喷洗表面即可。

(4) 若加固区域梁底存在混凝土破损、露筋、空洞等情况,对外露钢筋进行打磨除锈阻锈后采用环氧砂浆对梁底进行修补。若有裂缝,应对裂缝进行修补,如图 8-2-4 所示。

2) 植入锚栓

(1) 对纤维板的中心线、梁底中心线、锚具位置、钻孔位置进行精确定位和放线,用墨斗或激光弹出线。

(2) 使用钢筋探测仪探出钢筋的位置并进行标记,避免钻孔损伤主筋和预应力钢筋,若限位框孔位与钢筋冲突,可微调钻孔位置再进行钻孔。

(3) 植入锚栓施工如图 8-2-5 所示,其具体施工步骤参见本指南 2.3 节,当预应力纤维板的长度大于 2m 时,每隔 2m 布置限位卡板的锚栓孔。

图 8-2-4　梁底混凝土修补

a)放线定位

b)探测钢筋位置

c)植入锚栓

图 8-2-5　钻孔与植入锚栓施工

3）开槽

（1）使用切割机、电风镐等电动工具沿两端锚块放线区域开槽，开槽深度约为 30mm 且不超过保护层厚度，不应对主梁受力钢筋造成损伤。

（2）为保证张拉时滑块的正常滑动以及锚块的正常固定，开槽后使用环氧砂浆修补，待完全固化后用打磨机整平，并用水平仪进行校核，如图 8-2-6 所示。

图 8-2-6　开槽面修补找平

4）安装锚固系统

（1）预应力纤维板张拉固定端和张拉端锚具构造如图 8-2-7 所示。

（2）安装前,在张拉锚具内部可涂抹润滑油,在槽底部可衬垫不锈钢板,以利于锚具滑动。

（3）先安装两端限位框,再将锚固块分别置于限位框内并固定,保持两端中心线一致,确保张拉端锚固块能在限位框内自由滑动。

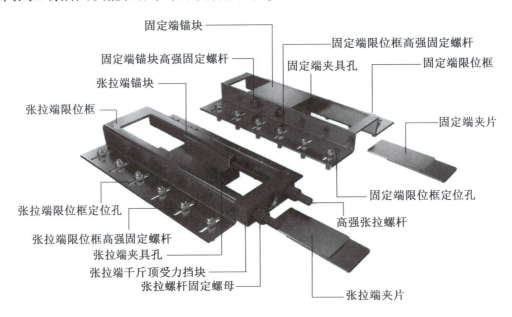

图 8-2-7　预应力纤维板张拉用锚具构造图

8.2.4　纤维板安装

（1）对纤维板进行裁剪,裁剪长度 = 工作长度 + 2 × 锚固长度 – 计算伸长量。

（2）将纤维板要粘贴的一面用丙酮或酒精擦拭干净,使用干净的布条将楔形孔道及楔形钢夹片清理干净。

（3）在粘贴纤维板的混凝土表面涂刷底胶,底胶应均匀涂布于经过充分清理的混凝土表面,涂刷应避免气泡的出现,涂胶后,45min 内应完成纤维板的张拉。

(4)纤维板固定,步骤如下:

①将纤维板的一端固定于锚固端锚固块内,将纤维板穿过锚固块楔形孔道,露出约 30mm。初步安装锚固块的上、下楔形钢夹片,楔形钢夹片与楔形孔道接触面需采用黄油进行润滑。

②使用千斤顶对锚固块的上、下楔形钢夹片进行预顶,直至嵌入锚固体露出长度不超过 5mm,完成对纤维板锚固块内的固定,最终固定状态应保证上、下楔形钢夹片严格齐平,楔形钢夹片与纤维板位于楔形孔道居中位置。

③将纤维板的另一端固定于张拉端锚固块内,方法同上。检查纤维板直线度,其全长直线度偏差不得超过 20mm。

(5)张拉前应检查纤维板和锚固端是否保持垂直。张拉端依次安装高强螺杆、垫片、螺母、挡块和千斤顶,将千斤顶调整至顶紧状态,千斤顶中心、孔道中心及锚具中心应在一条直线上,以保证纤维板张拉端方向与锚固垫板垂直,并做好现场防护,如图 8-2-8 所示。

a)纤维板裁剪

b)纤维板固定

c)千斤顶安装

d)后方张拉防护

图 8-2-8 纤维板安装施工

8.2.5 纤维板张拉

1）预张拉

（1）纤维板正式张拉前应进行预张拉，以确保正式张拉的精度、协调性以及施工安全性，其过程与正式张拉的过程一致，预张拉力为张拉控制应力的10%，如图8-2-9所示。

（2）预张拉前应安装限位压条以保证纤维板的顺直度，避免张拉时产生的剪切力而导致纤维板断裂，同时需为纤维板的伸长、移动留出一定空间。

（3）预张拉结束后先拆除限位压条，再在纤维板的表面均匀涂抹纤维板胶粘剂，如图8-2-10所示，使胶层呈中间厚两边薄的凸起状，平均厚度不应小于2mm。最后在正式张拉前安装限位压条，注意压条与梁底留有足够的空间以保证纤维板伸长的活动空间。

图8-2-9 预张拉

图8-2-10 涂抹纤维板胶粘剂

2）正式张拉

（1）张拉控制应力应满足设计要求。

（2）张拉力应分级施加，分级次序为张拉控制应力的10%→20%→50%→75%→100%，张拉结束后持荷5min方可进行下一施工步骤。

（3）每级张拉结束后应停留5min，测量、记录纤维板的伸长量，如图8-2-11所示。同时判断纤维板伸长量的实测值是否满足理论伸长量的要求，计算并比较最终伸长量值与理论伸长量值，误差值不大于±6%。当偏差较大时，应分析原因并采取适当的措施。

a)油表读数监测

b)伸长量测量

图8-2-11 正式张拉

(4) 张拉伸长量超过千斤顶工作行程的情况下,在千斤顶到达极限行程位置后用锚固螺母进行临时紧固限位,调整反力钢板位置后,继续实施张拉。

(5) 加压或者减压时,千斤顶的行程速度应控制在 20mm/min 以内,严禁快速张、放千斤顶行程。张拉过程中出现异响,应立即卸载,查明情况后再进行使用。

(6) 张拉过程中,挤出多余的纤维板胶粘剂,保证纤维板与梁底混凝土粘贴密实,减小空隙。严禁在张拉端的前端站人,确保施工安全。

3) 伸长率复核

(1) 伸长率 = 实际伸长量/原始长度;允许偏差为 ±6%。

(2) 纤维板的实际伸长量计算方法:

$$90\% L_{总} = 100\% 张拉控制力的伸长量 - 10\% 张拉控制力的伸长量$$
$$10\% L_{总} = 20\% 张拉控制力的伸长量 - 10\% 张拉控制力的伸长量$$
$$L_{总} = 90\% L_{总} + 10\% L_{总}$$

(3) 纤维板的理论伸长量计算方法:纤维板张拉力/纤维板截面面积/弹性模量 × 纤维板长度,计算时需注意单位调整。

(4) 由于每批次纤维板弹性模量与截面尺寸可能有区别,伸长量计算时应采用实测截面尺寸,尽量采用实测弹性模量。

4) 拆除张拉系统

(1) 当预应力达到张拉力的 100% 后,持荷 5min,稳定后将张拉杆螺母拧紧,检查锚固系统,无异常则可将千斤顶缓慢回缸,卸载后移走千斤顶。

(2) 卸除千斤顶后切除过长的螺杆,如图 8-2-12 所示。

(3) 仔细检查纤维板胶是否从边缘位置挤出,若纤维板和混凝土粘贴面之间仍然存在间隙,则需要使用胶粘剂进行进一步填充,有效修整边缘位置多余的胶粘剂,如图 8-2-13 所示。

图 8-2-12 切除过长螺杆

图 8-2-13 清理碳纤维板两侧胶粘剂

8.2.6 张拉后处理

1) 安装限位压条

安装限位压条的间距宜设置为 2m,压片用来固定纤维板并轻微加压,如图 8-2-14 所示。清除两侧溢出的胶粘剂,若纤维板与混凝土之间存在脱空和空洞,使用调配好的胶粘剂对脱空和空洞的部分进行补充涂胶。

2）表面防护

胶粘剂初凝后,在纤维板的表面涂抹一层紫外线防护材料进行防护,保证防护材料与纤维板之间黏结可靠,如图 8-2-15 所示。预应力纤维板施工后 24h 内,应防止雨淋、风沙或灰尘的污染。

图 8-2-14　压片固定

图 8-2-15　紫外线防护材料涂刷

8.3　质量检验

8.3.1　实测项目

预应力纤维板加固实测项目见表 8-3-1。

表 8-3-1　预应力纤维板加固实测项目

项次	检查项目	规定值或允许偏差	检查方法或频率
1	混凝土表面修补平整度(mm/m)	≤5（采用 2m 直尺检测,结构尺寸较小时采用 500mm 直尺检测,≤3）	钢尺测量:全部
2	锚具安装位置偏差(mm)	±10	尺量:全部
3	纤维板长度偏差	1%	钢尺:全部
4	张拉力	满足设计要求	—
5	纤维板伸长量	±6%	尺量:全部

8.3.2　外观检查

（1）混凝土表面无明显凹陷,打磨平顺,清洁干净。

（2）施工结束后应对纤维板进行逐条检验,纤维板粘贴位置应准确、表面平整且无划痕、边缘线顺直,不存在空鼓及缺胶现象。

第 9 章　纤维网格加固

9.1　一般规定

（1）纤维网格加固是利用纤维网格对混凝土梁体、桥墩等构件进行加固的施工方法。当构件产生裂缝、变形时,通过纤维网格维修加固可提升构件承载力或控制裂缝发展,增加桥梁的整体强度和耐久性。

（2）纤维网格加固可使用碳纤维网格、玄武岩纤维网格,一般用于混凝土梁底部加固(简称"梁底网格加固")、桥梁下部结构混凝土结构加固(简称"水下网格加固")。

（3）纤维网格加固混凝土结构时,应采用配套的锚固件将纤维网格固定于构件表面,使其与原结构变形协调、共同受力。

（4）纤维网格加固应采用高黏结力的聚合物砂浆等材料,材料配制和使用场所应保持通风良好。

（5）纤维网格粘贴应采取可靠的防护措施避免纤维材料弯折。

（6）若需加固的构件处于严重腐蚀环境,如海洋氯化物环境、化学腐蚀环境等,加固时应选用抗腐蚀性能高的纤维网格和聚合物砂浆。

（7）纤维网格加固原则上宜进行交通管制。

9.2　施工流程及方法

纤维网格加固是一种常用的加固方法,采用聚合物砂浆将纤维网格布置在需要加固的部位上,形成增强层。纤维网格加固方法可以解决桥梁结构中的多种病害,延长桥梁的使用寿命并提高结构的安全性和耐久性。施工时根据加固部位的不同,将其分为梁底网格加固与水下网格加固,如图 9-2-1 所示。

a)梁底网格加固

b)水下网格加固

图 9-2-1　纤维网格加固施工

9.2.1 施工流程

纤维网格加固施工工艺流程如图9-2-2所示。

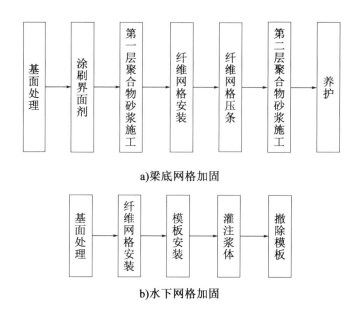

a) 梁底网格加固

b) 水下网格加固

图 9-2-2　纤维网格加固施工工艺流程图

9.2.2 施工准备

1）材料要求

（1）纤维网格

桥梁加固用的纤维网格主要有碳纤维网格、玄武岩纤维网格，纤维网格的主要力学性能指标应满足设计要求，若设计未要求时则应符合表9-2-1的要求。

表 9-2-1　纤维网格主要力学指标

纤维网格类型	抗拉强度标准值（MPa）	弹性模量（GPa）	伸长率（%）
碳纤维网格（CFG）	≥3000	≥210	≥1.4
玄武岩纤维网格（BFG）	≥2000	≥85	≥2.3

（2）聚合物砂浆

①聚合物砂浆一般用于混凝土表面修复或网格加固，可采用湿喷、涂抹或灌注的施工工艺，其性能要求应符合现行《工程结构加固材料安全性鉴定技术规范》（GB 50728）的规定，聚合物砂浆的性能指标应满足表9-2-2的要求。

②当原构件混凝土强度等级不低于C30时，应采用Ⅰ级标准；当原构件混凝土强度等级低于C30时，应采用Ⅰ级或Ⅱ级标准。

③配置加固用聚合物砂浆所采用的水泥强度等级不应低于42.5级。

④水下施工应采用水下不分离聚合物砂浆，其技术指标参考现行《聚合物水泥防水浆料》（JC/T 2090）。

表 9-2-2 聚合物砂浆的性能指标

检验项目		检验条件	技术指标	
			Ⅰ级	Ⅱ级
浆体性能	劈裂抗拉强度（MPa）	浆体成型后，不拆模，湿养护3d；随后拆侧模，仅留底模再湿养25d（个别为4d），到期立即在(23±2)℃、(50±5)%RH条件下进行测试	≥7	≥5.5
	抗折强度（MPa）		≥12	≥10
	抗压强度（MPa） 7d		≥40	≥30
	抗压强度（MPa） 28d		≥55	≥45
黏结能力	黏结抗剪强度（MPa） 标准值	粘贴工序完成后，静置湿养护28d，到期立即在(23±2)℃、(50±5)%RH条件下进行测试	≥9	≥5
	与混凝土正拉黏结强度（MPa）		≥2.5，且为混凝土内聚破坏	

（3）界面剂

喷射砂浆之前需喷涂一层由高分子聚合物经特殊加工而成的水性高分子界面剂，界面剂具有超强的黏结能力，且抗剪、抗拉强度高，耐老化，操作性好。界面剂配制应采用液状材料，并应按产品使用说明将界面剂乳液与粉料按规定配合比在搅拌桶中配制。

界面剂的各项技术性能指标及检验方法按照现行《混凝土结构加固设计规范》（GB 50367），参考现行《工程结构加固材料安全性鉴定技术规范》（GB 50728）和《建筑结构加固工程施工质量验收规范》（GB 50550）的有关规定执行。高分子界面剂主要技术指标参考表 9-2-3，其挥发性有机化合物和游离甲醛含量应满足表 9-2-4 的要求。

表 9-2-3 高分子界面剂主要技术指标

类型	界面剂	类型	界面剂
混合比例	$A:B=3:1$	抗拉强度（7d）（MPa）	41.6
密度（25℃）（g/cm³）	1.12±0.05	抗弯强度（7d）（MPa）	75.7
初黏度（25℃）（MPa·s）	500~600	抗压强度（7d）（MPa）	72.9
试用期（1kg,25℃）	110min	不挥发物含量	99.2%
钢-钢拉伸抗剪强度（7d）（MPa）	16.7		

表 9-2-4 挥发性有机化合物和游离甲醛限值

测定项目	限值	测定项目	限值
挥发性有机化合物（VOC）（g/L）	≤350	游离甲醛（g/kg）	≤1.0

2）设备要求

设备和机具的基本配置应包括但不限于：砂浆喷涂机、高压水枪、水下浇筑导管、搅拌机、切割机、风镐、钢钎、钢丝绳、钢卷尺、打磨机、钢丝刷等，具体机具数量根据实际施工情况确定。主要机具设备如图 9-2-3 所示。

聚合物砂浆喷涂设备的选择应根据施工要求确定，其产品质量应符合现行《机械喷涂抹灰施工规程》（JGJ/T 105）的规定。

a)砂浆喷涂机　　　　　　　　b)水下浇筑导管

图 9-2-3　机具设备

3）作业条件

(1) 根据施工现场条件搭设合适的施工平台。

(2) 纤维复合材料粘贴宜在 5～35℃ 环境温度条件下进行。聚合物砂浆等材料应满足使用环境温度不高于 60℃ 的要求，施工过程及之后 24h 内环境温度宜控制在 5～35℃，夏季施工要避免高温。

(3) 在水下进行网格加固过程中，桥下有通航要求时，应布置航行标志和警示灯；为保证潜水人员安全，潜水作业应在白天进行且作业时应进行适当的航道管制。

(4) 砂浆喷射时应做好人员安全防护。

9.2.3　梁底网格加固

1）基面处理

喷涂聚合物砂浆前应对原混凝土表面进行凿毛处理，并将表面清理干净，以确保涂抹面无浮尘、疏松物及油污。喷涂前约 1h，应洒水以保持涂抹面充分湿润，提前润湿时间根据基材的吸水性强弱和环境（温度、湿度、风）而定。

梁底凿毛和基层处理的要求如下：

(1) 应按图纸现场放线定位，确定加固范围；清除结构原有抹灰等装修面层时，应处理至裸露原结构坚实面，基层处理的边缘应比设计抹灰尺寸向外扩大 50mm。

(2) 基层应进行凿毛处理，基面应露出粗集料，以增加聚合物砂浆与基层的黏结强度，凿毛时应使用小型设备，避免造成结构破损。

(3) 应采用高压水枪冲洗基层表面，充分去除灰尘、杂物和松散层，以免影响聚合物砂浆与基层间的黏结强度。同时应保持面层潮湿但无明水状态，水质应达到砂浆的用水要求。

(4) 剔除松散、剥落等缺陷较大的部位后应涂刷界面剂，后用聚合物砂浆修补并进行表面刮毛，经修补后的基面应适时进行喷水养护，养护时间不得少于 24h。

2）涂刷界面剂

表面清理干净后，提前 1h 对被加固构件表面进行喷水养护，保持湿润且无明水，随后在表面涂刷专用高分子界面剂，增强聚合物砂浆与混凝土的黏结效果，界面剂应用电动搅拌器将其搅拌均匀，并随用随搅，喷涂分布均匀，如图 9-2-4 所示。

图 9-2-4　涂刷界面剂

3) 第一层聚合物砂浆施工

安装纤维网格前需进行第一层聚合物砂浆施工,聚合物砂浆施工宜采用机械喷涂,也可采用人工抹灰。砂浆需水量为砂浆重量的 15% 左右,用水量需根据施工环境温度进行调整,搅拌时间为 10~15min,至砂浆混合均匀,并具有一定的黏稠度。混合好的砂浆需静置 1min 并在施工前重新搅拌 10s,在施工流程开始后,严禁另外加水。在粗糙的结构表面喷涂第一层的聚合物砂浆,第一层砂浆的厚度为 5mm 或参照设计要求。

(1) 聚合物砂浆施工若采用机械喷射抹灰时,应满足以下要求:

① 喷涂设备构成的系统应具备砂浆过滤、砂浆输送、空气压缩等功能,并应配备吸浆料斗、管道组件和喷枪。空气压缩机的额定排气压力不宜小于 0.7MPa,其排量不宜小于 300L/min。

② 喷涂顺序和路线宜先远后近、先上后下、先里后外,喷枪移动轨迹应规则有序,不宜交叉重叠,并应稳定保持喷枪与作业面间的距离和夹角。

③ 应在界面剂凝固前喷涂聚合物砂浆,并应将砂浆均匀喷涂在被加固表面及纤维网格之间,如图 9-2-5 所示。喷涂厚度应基本覆盖网格,喷涂表面应拉毛。

(2) 聚合物砂浆施工若采用人工涂抹时,应满足以下要求:

应在界面剂凝固前涂抹聚合物砂浆,聚合物砂浆施工时应使用铁抹子压实,如图 9-2-6 所示,使聚合物砂浆与被加固构件基层结合紧密。抹灰厚度不宜超过 15mm,且覆盖纤维网格,抹灰表面应拉毛。

图 9-2-5　机械喷涂第一层砂浆

图 9-2-6　人工涂抹第一层砂浆

4)纤维网格安装

纤维网格安装如图9-2-7所示。安装前应根据设计文件说明和加固的具体部位尺寸进行下料。纤维网格需铺设在未表干的第一层聚合物砂浆上,网格的连接可在应力传递方向设置两格及以上的搭接接头或对接接头,并将搭接部位的两侧牢牢固定于基面上,避免使接头处成为结构上的薄弱环节,如图9-2-8所示。设置网格的端部应进行临时固定,确保纤维网格表面平整。设置时应将纤维网格尽可能拉平,必要时可用水泥钉、铆钉进行辅助固定。

图9-2-7 网格安装(平铺)

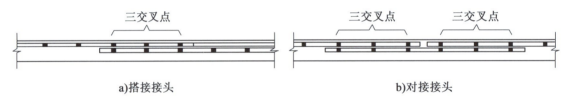

图9-2-8 网格连接接头示意图

纤维网格固定如图9-2-9所示,应满足以下要求:

(1)对于板类构件应均匀布设不小于M6的金属扩张型铆钉,且每平方米不少于6根,并应根据原结构的表面状况来调整锚固件的数量,锚固件如图9-2-10所示。

图9-2-9 纤维网格锚固

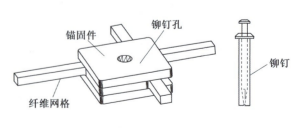

图9-2-10 纤维网格锚固件示意图

(2)对于梁构件宜根据结构尺寸适当加密锚固件的布设,且应在梁端的纤维网格各肢分别设置 2 个以上的锚固件。

5)纤维网格压条

压条的设置原则上可采用断面尺寸为 20mm×2mm 的钢带,长度与纤维网格同宽,间距宜设置为 2m,压条的固定采用 M6 的膨胀螺栓,纤维网格压条如图 9-2-11 所示。

6)第二层聚合物砂浆施工

待上述步骤完成且第一层聚合物砂浆初凝后,即可进行第二层聚合物砂浆的拌制和喷涂施工,每次喷涂厚度不大于 5mm,总厚度要确保施工完毕后无网格外露,且满足设计厚度,如图 9-2-12 所示。

图 9-2-11　不锈钢压条安装　　　　图 9-2-12　第二层砂浆喷涂

采用人工抹灰时,应在前次抹灰初凝后进行,后续抹灰的每次厚度应控制为 10~15mm。抹灰要求挤压密实,使前后抹灰层结合紧密。尚未抹至设计厚度时,在后续抹灰前应将上一层抹灰表面拉毛,已抹至设计厚度时,表面抹平、压实、压光。

7)养护

在第二层砂浆喷涂完毕后进行养护,养护时需保证表面湿润,养护期为 7d。砂浆未固化之前宜铺设一层薄膜,避免遭受沙尘和雨水的侵蚀,如图 9-2-13 所示。

图 9-2-13　薄膜覆盖养护

9.2.4 下部结构水下网格加固

1) 基面处理

（1）若桥梁水下结构病害不严重，可带水作业，由潜水员使用水下施工机具清除桥墩表面疏松、蜂窝、腐蚀等劣化混凝土及附生在混凝土表面的水生物，清除桥墩周围的块石、片石等杂物。

（2）若桥梁水下结构出现严重破损，如桥墩表面混凝土剥落、钢筋外露锈蚀等无法由潜水员对结构进行表面处理的情况，应搭设围堰，采用干法施工。

2) 纤维网格安装

（1）按设计要求的尺寸进行纤维网格下料，采用环向缠绕的形式安装纤维网格，纤维网格安装如图9-2-14所示。

（2）用支撑垫块控制纤维网格与墩柱结构表面的间距，纤维网格保护层厚度应满足设计要求，并做好有效固定。

（3）纤维网格搭接可选用铁丝或纤维束纱浸渍水下树脂在网格纬向缠绕搭接，如图9-2-15所示。搭接区长度应根据纤维网格受力特点由设计确定，环向搭接长度为 $0.5d$（d 为待加固桥墩的直径或长边）且不小于700mm，竖向搭接长度为三点两目以上。

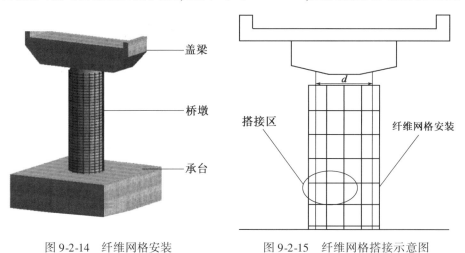

图9-2-14 纤维网格安装　　　　图9-2-15 纤维网格搭接示意图

（4）为保证纤维网格的安装质量，可采用相关水下检测设备对网格安装情况进行检测。

3) 模板安装

（1）模板一般由两个半圆体标准节段组成，每节模板的长度应满足安装方便的需要，多节模板通过法兰螺栓拼装连接。

（2）模板安装前，应对其内部均匀涂抹隔离剂，便于加固工程完成后对模板进行拆除。

（3）为提高模板的密封性，应采取在模板的连接处垫上橡胶等防漏浆措施。

（4）尽可能减少水下作业，模板宜在水上预先拼装成两个竖向半圆后整体沉入水下，其后沿竖向拼装模板。模板的安装及下沉如图9-2-16所示。

（5）对不着床的模板，底部应采取有效的封堵措施。

图 9-2-16　模板安装及下沉

4）灌注浆体

（1）为避免灌注聚合物砂浆时引起漏浆,正式灌注前应预先灌注约 300mm 厚的不分散砂浆对模板底部进行封闭,待该部分砂浆凝固后方可正式灌注浆体。

（2）灌注过程中应连续稳定,并随时检查模板底部及侧面有无漏浆现象,若出现漏浆现象,立刻减慢灌浆速度或停止灌浆。灌浆如图 9-2-17 所示。

（3）可利用垂球等方法测量浆体顶部高程。

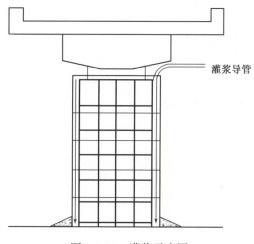

图 9-2-17　灌浆示意图

5）撤除模板

同条件养护试件强度达到拆模强度时,自上向下依次撤除模板。

9.3　质量检验

9.3.1　实测项目

（1）纤维网格材料质量要求应符合表 9-3-1 的规定。表中规定值或允许偏差对应现行规范为《结构工程用纤维增强复合材料网格》(GB/T 36262),网格拉伸性能试验应按本标准附录 F 的方法测定。

表 9-3-1 纤维网格质量要求实测项目

项次	检查项目	规定值或允许偏差	检查方法和频率
1	网格材料外观	现行《结构工程用纤维增强复合材料网格》(GB/T 36262)	目测(全数检查)
2	尺寸误差		尺量:任意取 3 处测量,取算术平均值
3	拉伸性能		拉伸性能试验:抽样
4	耐碱性能		浸泡在规定溶液中并测试拉伸强度保留率:抽样

(2)纤维网格加固结构实测项目见表 9-3-2。

表 9-3-2 纤维网格加固结构实测项目

项次	检查项目	规定值或允许偏差	检查方法
1	聚合物砂浆强度	满足设计要求	现行《建筑结构加固工程施工质量验收规范》(GB 50550)
2	轴线偏位(mm)	20	钢尺、全站仪测量:100% 检测
3	平整度(mm)	5	钢尺丈量:全部
4	加固厚度(mm)	满足设计要求	钢尺测量:100% 检测
5	纤维网格搭接长度(mm)	不小于设计或规定值	钢尺测量:每个构件检测 3 处
6	有效黏结面积(%)	≥95	敲击法(全数检查)

9.3.2 外观检查

(1)混凝土结构表面平整,纤维网格不得外露,不得出现空洞现象。
(2)加固截面平整光滑。

第 10 章 空心板梁更换

10.1 一般规定

(1)当空心板梁出现明显损伤导致承载能力下降且影响桥梁安全时,应及时进行更换。

(2)空心板梁更换前应对空心板梁桥病害情况进行现场调查,确定换梁位置及数量。

(3)空心板梁拆除更换应制定专项施工方案,确保施工安全,并且宜采用低噪声、低污染的环保施工工艺。

(4)空心板梁拆除时,应预先将待拆除部分与相连构件切割开,解除原空心板梁的约束。拆除过程中应保留原铰缝钢筋。

(5)钢筋接缝区域混凝土凿除时,不宜对需保留的原结构钢筋造成损伤,宜采小型机具进行作业。

(6)应及时将拆除后的空心板梁运离施工现场。

10.2 施工流程及方法

预制空心板梁工艺简单、安装方便,造价较低且应用广泛。但由于其结构设计、施工工艺、工作环境等因素的影响,在服役过程中不可避免地会造成板梁和铰缝处损伤。当损伤严重到影响桥梁安全时,应将旧板梁拆除,并重新架设新板梁,以保证桥梁整体的安全性和稳定性。空心板梁更换施工如图 10-2-1 所示。

图 10-2-1　空心板梁更换施工

10.2.1 施工流程

空心板梁更换施工流程如图10-2-2所示。

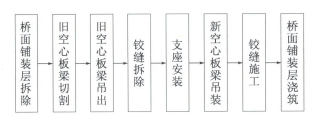

图10-2-2 空心板梁更换施工流程图

10.2.2 施工准备

1）材料要求

（1）铰缝混凝土

空心板梁铰缝间浇筑的混凝土应选用粒径合适的集料，强度应满足设计要求，同时应具有高流动性和较好的黏结强度。

（2）空心板梁

①空心板梁预制过程中应严格控制混凝土的配合比、水泥用量等参数，并进行抗压强度和弹性模量试验，试验结果应满足相关规范要求。

②空心板梁加工时应选用粒径合适的集料并做好配合比试验，严格控制混凝土的振捣及养护，确保混凝土质量。

2）设备要求

更换空心板梁所需设备应包括但不限于：高压水射流切割机、起重机、电动绳锯机、风镐、混凝土铣刨机等，如图10-2-3所示。

a)电动绳锯机　　　　　　　　b)混凝土铣刨机

图10-2-3 机具设备

3）作业要求

空心板梁更换不宜在雨、雪、大风等恶劣天气施工。

4）空心板梁检查

在空心板梁成批生产前，应对各种跨径空心板做首件工程验收。预应力空心板梁应测试预应力钢绞线的强度和松弛率，应严格控制张拉力在允许范围内。预应力张拉后应

对空心板梁进行以下观测:

(1)预制板的上缘、端部及其他部位是否出现裂纹。

(2)端头板的安装以及端部混凝土的浇筑状况。

(3)预制板的预拱度与计算值的差异。

10.2.3 旧空心板梁拆除

1)伸缩缝拆除

伸缩缝拆除参见本指南第12章。

2)桥面铺装拆除

针对需更换的空心板梁位置的桥面铺装拆除,可采用人工或机械铣刨沥青面层,从低噪声和环保角度,宜采用水射流法。当采用风镐等小型设备拆除时,应按以下要求进行操作。

(1)在桥面铺装上按一定间距和深度打孔,孔的深度不得大于桥面铺装厚度。宜使用切割设备贯穿各孔,将桥面切割成若干块。

(2)凿除并清理桥面铺装,局部无法破碎的混凝土采用人工方式进行凿除,凿除过程中要注意不得损坏保留的板梁。桥面铺装拆除施工如图10-2-4所示。

a)机械凿除

b)人工凿除

图10-2-4 桥面铺装拆除施工

3)旧空心板梁切割

(1)空心板梁部分更换时,切割线应沿板梁上倒角位置垂直于地面,切割过程中不宜损坏板梁铰缝处保留的钢筋。切割线位置如图10-2-5所示,图中2号、3号为更换板梁。

(2)当桥面设置有混凝土防撞墙时,应先拆除桥面外侧混凝土防撞墙来解除偏重以保证梁板稳定性。

(3)在切割过程中,应在桥下密切观察绳锯走向,避免保留板梁受到损伤。施工过程中应注意以下事宜:

①防止出现挡板等障碍物阻碍绳锯行走。

②施工人员应站在绳锯运行方向的侧面位置,严禁站在板梁切割方向。

③每次切割完成后应及时检查绳锯接头是否松动。
④施工过程中应做好防护,防止切割引起砂石飞溅。
⑤空心板梁切割过程中,应不间断供水,防止因温度过高导致绳锯断裂。

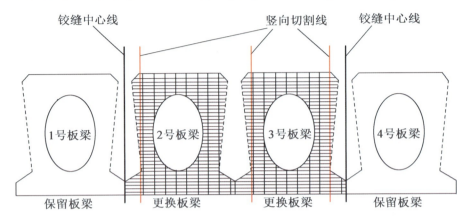

图 10-2-5 切割线位置

4) 旧空心板梁吊出

空心板梁吊出施工前应对吊装的相关参数进行复核,并在现场核实起重机的起吊能力,以及钢丝绳、卡环的规格型号、磨损情况。明确起重机位置,不宜采用双机抬吊的方式。

(1) 吊点设置

空心板梁采用起重机进行吊装施工时,其吊点位置宜设置在距梁端 1.0~1.5m 之间。

(2) 试吊

当起重机与运梁车就位完毕后进行试吊,起吊至一定高度后静态观察吊装的各关键部位是否安全可靠。

(3) 正式起吊

①试吊结束后,缓慢向上提升空心板梁。当空心板梁底面超出桥面铺装高度时,缓慢将空心板梁落入运梁车。

②落梁后应检查空心板梁所放位置是否准确,确认位置无误后起重机脱钩,进行梁体固定,随后运梁车将梁运到指定地点,如图 10-2-6 所示。

a) 空心板梁起吊

b) 梁体固定

图 10-2-6 旧空心板梁吊出

5）铰缝拆除

铰缝拆除施工要点如下：

（1）铰缝拆除前应将桥面清理干净，并对照设计图纸，在桥面上画出空心板梁间铰缝的轮廓线。

（2）可使用水射流切割机、风镐、电锤等设备凿除铰缝处的混凝土，如图10-2-7所示。凿除完毕后需对保留的空心板梁侧表面混凝土进行清理和凿毛，凿毛深度应不小于8mm。

（3）保留板梁铰缝处若存在钢筋损坏、断裂的情况下，需进行植筋补强，如图10-2-8所示。

图10-2-7　铰缝混凝土凿除

图10-2-8　铰缝植筋

10.2.4　新空心板梁安装

1）支座安装

在新空心板梁安装前应根据实测高程浇筑并调整支座垫石高度，随后进行支座安装，如图10-2-9、图10-2-10所示。具体施工要点如下：

（1）支座安装前，应对垫石进行检查，支座垫石高程应满足设计及规范要求。对平整度、高程不符合要求的支座垫石，应凿除后重新浇筑。

（2）空心板梁落梁后，应保证梁就位准确且与支座密贴，使支座受力均匀。

（3）需对支座顶部钢板进行检查，不得出现钢板悬空现象。

（4）支座安装后需及时清理杂物。

图10-2-9　支座垫石立模

图10-2-10　支座钢板安装

2）空心板梁安装

支座安装完毕后,进行空心板梁吊装,具体施工要点如下:

(1)采用钢尺、墨斗等工具在墩台上标记出空心板梁及支座的具体位置,以使空心板梁准确就位。

(2)吊装板梁前宜在既有板梁间预先放置约2cm厚的胶条或增加其他保护措施,防止板梁损伤。

(3)在空心板梁即将完全落下前应控制落速、调整位置,保证所有板梁端部靠伸缩缝侧均在一条直线上。落梁过程中可人工使用拉钩、撬棍等工具配合起重机调整位置。

(4)所有空心板梁安装就位后,应将梁端顶面预埋钢筋与相邻板梁外露钢筋焊接固定,如图10-2-11所示。

图10-2-11　铰缝钢筋设置

3）铰缝施工

当空心板梁吊装完成后,应尽早进行铰缝混凝土浇筑。

(1)铰缝封底

首先采用水泥砂浆在铰缝内浇筑50～100mm厚的砂浆层作为铰缝的底模。待底模砂浆硬化后再浇筑混凝土。

(2)钢筋绑扎

空心板就位后应及时连接铰缝钢筋,进行钢筋绑扎。

4）桥面铺装层浇筑

铰缝施工完成后应及时进行桥面铺装层浇筑,并采取有效的养护措施。

10.3　质量检验

10.3.1　实测检查项目

空心板梁更换施工过程中,应对梁支座中心偏位、倾斜度、梁(板)顶面纵向高程以及相邻梁(板)顶面高差进行测量检查,具体测量项目见表10-3-1。

表 10-3-1　空心板梁安装施工实测项目

项次	检查项目	规定值或允许偏差	检查方法和频率
1	梁支座中心偏位(mm)	≤5	尺量:每孔抽查 4~6 个支座
2	倾斜度(‰)	≤1.2	吊垂线:每孔检查 3 片梁
3	板梁顶面纵向高程(mm)	+8,-5	水准仪:抽查每孔两片,每片 3 点
4	相邻板梁顶面高差(mm)	≤5	尺量:每相邻梁

10.3.2　外观检查

(1)新旧空心板梁之间不应产生明显高差,桥面浇筑后应平整。

(2)空心板表面不得出现大气泡、麻面、孔洞、黑斑等。

(3)桥面铺装层应无脱皮、裂缝、石子外露等缺陷。

第 11 章 支座更换

11.1 一般规定

(1)支座更换应根据原设计文件、现行设计与施工规范及现场施工情况制定技术方案,技术方案需进行专项论证。

(2)桥梁顶升前应确认梁底净空高度及桥下地貌和临时设施情况。当顶升空间不满足顶升作业要求时,应另设顶升支架。

(3)支座更换时,对梁体宜采用纵向整联或整跨、横向整排顶升,横桥向多个排列构件的顶升位移应严格同步。

(4)支座更换的顶升过程中宜采取适当的交通管制措施,宜优先选用不中断交通的支座更换方案。

(5)支座更换施工要严格执行首件工程制度,通过首件工程检验施工方案的合理性。

(6)支座更换应符合现行《公路桥梁支座和伸缩缝养护与更换技术规范》(JTG/T 5532)的规定。

11.2 施工流程及方法

桥梁支座是桥梁结构的重要组成部分,直接影响桥梁的使用寿命和结构安全。由于交通量大、橡胶支座老化等问题使得桥梁支座极易发生损坏,一旦桥梁支座出现损坏就会影响结构安全,必须及时进行更换。桥梁支座更换包含施工前准备、顶升支架安装、梁体顶升、支座更换、落梁复位等一系列工序,需经过科学设计、精心施工、严密监控才能顺利完成。支座更换施工如图 11-2-1 所示。

图 11-2-1 支座更换

11.2.1 施工流程

桥梁支座更换施工工艺流程如图 11-2-2 所示。

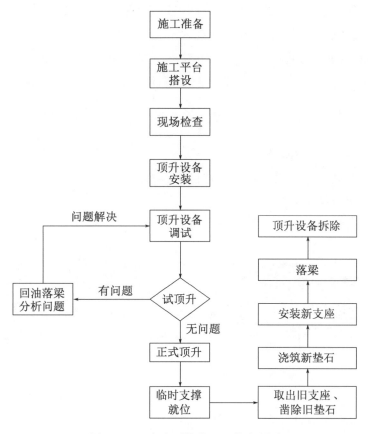

图 11-2-2 支座更换施工工艺流程图

11.2.2 施工准备

1）材料要求

（1）支座更换用胶粘剂

支座更换用胶粘剂包括支座结构胶、临时调平胶。其中支座结构胶用于梁底调平，临时调平胶广泛用于支座更换施工中的千斤顶工作区调平。支座结构胶、临时调平胶性能指标应符合本指南附录 A.7、A.8 的规定。

（2）水泥基灌浆料

在进行新支座垫石浇筑时宜采用低膨胀、超早强、自流平水泥基灌浆料，其性能指标应符合现行《工程结构加固材料安全性鉴定技术规范》（GB 50728）的规定。

（3）硅脂油

桥梁支座用硅脂油，应保证在支座使用有效期内不干涸，不应有害于滑移面材料和含有机械杂质，并应具有良好的抗臭氧、防腐蚀和防水性能。材料性能应符合现行《硅脂》（HG/T 2502）中一等品的规定。

（4）防尘罩

防尘罩可用橡胶片或纤维布制成，应确保其不影响支座的正常位移。

（5）支座材料

板式橡胶支座和盆式支座材料的性能应分别符合现行《公路桥梁板式橡胶支座》（JT/T 4）、《公路桥梁板式盆式支座》（JT/T 391）的规定。新更换支座应具有出厂产品质保书、产品质量合格证和第三方合格检测报告。

用于支座更换的顶升设备等的标定和校验工作应由相关资质的计量机构进行。对支座反力转移所需的临时支撑设备，其表面应平整、无凹凸不平现象。不符合要求的，应在安装前进行找平处理。

2）设备要求

设备和机具应包括但不限于：

(1) 同步顶升系统(图 11-2-3)、切割机、电风镐、取芯机、打磨机、钢筋探测仪。

(2) 卷尺、空鼓锤、抹刀、水平尺、内径卡规。

顶升千斤顶及油压表在使用前必须逐个进行标定和保压试验。

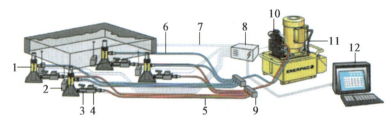

图 11-2-3　同步顶升系统

1-液压缸；2-位移传感器；3-单向阀；4-控制阀；5-软管（进程）；6-软管（回程）；7-电缆盒；8-接线盒；9-油块路；10-控制阀；11-泵；12-控制单元（PLC）

3）作业要求

（1）支座更换施工作业宜在天气良好、环境温度5℃以上的条件下进行。

（2）支座顶升前应根据现场情况进行必要的现场清理，并对桥梁进行检查。

①清理干净梁端与背墙之间、伸缩缝内沉积的垃圾和杂物，以及台帽或盖梁顶面沉积的土石块等。

②修补关键部位的裂缝，尤其是梁底和墩台帽顶面受力区附近的裂缝。对露出的钢筋进行除锈，并修补覆盖梁体破损处。

③仔细检查待顶升区域混凝土密实度，若存在空鼓等缺陷应进行修补。

④柱式墩顶升时，若顶升位置距离墩柱边缘距离较近，易导致劈裂破坏，应对其进行加固补强。

11.2.3　千斤顶支撑架设置

应对现场千斤顶布置的空间条件进行复核，如空间不能满足千斤顶布置条件，应设置顶升支架。

（1）若桥墩顶升空间不足时，可通过在盖梁侧面设置牛腿为千斤顶提供支撑面，具体步骤如下：

①安装前应对牛腿的承载力、稳定性及螺栓的承载力进行验算，牛腿顶面的水平度

应满足设计要求。

②空间不足时设置钢牛腿,牛腿与盖梁之间通过螺栓进行连接,如图 11-2-4 所示。

③放线确定牛腿安装位置及螺栓的钻孔位置,牛腿与盖梁接触面之间应设置 2~5mm 厚的橡胶板,以增加摩擦阻力。

④施工完成后,可使用黄油对锚栓进行包裹,将其保留或直接切除后进行封闭处理。

图 11-2-4　牛腿与盖梁之间采用螺栓连接

(2)当立柱顶面的平面空间不足,可通过在立柱侧面设置钢抱箍为千斤顶提供支撑面,具体步骤如下:

①钢抱箍由套箍、肋板、顶板、对拉板等拼装组成,使用钢材不宜低于 Q355B。套箍应由不少于 2 片圆弧钢板环向对拼组成,如图 11-2-5 所示。

②应对钢抱箍的承载力、稳定性及螺栓承载力进行验算。

③柱式墩顶升时宜对柱顶进行加固补强,可在立柱表面环向包裹缠绕碳纤维布进行局部约束补强。

④在立柱的表面放线确定钢抱箍的安装位置,钢抱箍应设置于靠近立柱的顶部,其高程应满足顶升千斤顶布设及顶升施工的要求。

⑤钢抱箍环向拼装的内部直径宜比立柱直径小 10~20mm,钢抱箍与立柱之间宜设置 2~5mm 厚的橡胶板,以增加摩擦阻力。

图 11-2-5　立柱设置钢抱箍

11.2.4 顶升设备安装

顶升设备及系统包括:千斤顶、液压系统、控制器、压力传感器、位移传感器、数据采集器、计算机控制系统等。顶升设备安装施工技术要求如下:

(1)顶升千斤顶的布置应考虑梁体受力安全。在横桥向,千斤顶应布置于腹板正下方。在纵桥向,千斤顶边缘距台帽或盖梁边缘距离应满足设计要求。

(2)盖梁两侧的顶升千斤顶应对称布置,定位偏差不应大于5mm,尽量减小梁体的偏心受力。

(3)千斤顶的顶部、底部与梁体接触面应配置钢垫板,钢垫板应与梁体紧密接触,钢垫板厚度不宜小于10mm,并满足局部承压要求。当千斤顶布设条件有限、必须采用一个千斤顶同时顶升相邻两片梁板时,千斤顶顶部配置的钢垫板上方应设置调平结构胶,确保其与梁体紧密接触,如图11-2-6所示。

(4)千斤顶宜具有自锁功能,以防止梁体发生意外回落等异常情况。千斤顶安装应保证其轴向垂直,轴线的竖直偏差不应大于5°。千斤顶的底部和顶部的钢垫板的垂直度偏差应控制在1%以内。

(5)对纵、横坡较大桥梁及弯桥、斜桥,应采取适当的措施防止梁体纵向滑移和横向偏位。

(6)千斤顶安装完成后,顶升前应检查所有千斤顶是否正常工作,保证控制阀及油管接头无漏油、千斤顶顶升和回落平稳同步、顶升支架安装牢固,并解除影响顶升的全部约束要素。

图11-2-6 设置钢垫块

11.2.5 梁体顶升

1)预顶升

正式顶升前,需进行预顶升以消除支撑构件之间的非弹性变形,检查千斤顶的安装和垂直度以及顶升位移量,如图11-2-7所示。

(1)控制顶升力至支座计算反力的50%左右,持荷5~10min,以检查顶升设备的稳定性。检查无异常后将梁体回落到原来位置。

(2)将梁体顶升至脱离原支座 1~2mm,持荷 5min,以检查所有支座与梁体脱开情况。同时校核梁体总重后,随后将梁体回落至原始位置,检查顶升设备及监控系统的正常工作情况。

图 11-2-7　顶升设备安装调试

2)正式顶升

正式顶升时应分级进行,如图 11-2-8 所示。顶升采用位移和压力双控,以位移控制为主,压力控制为辅。顶升控制应符合以下要求:

(1)一般最大顶升高度应以脱开支座或满足更换操作空间为限。更换板式支座时,最大顶升高度以设计要求为准,一般控制在 3~5mm;更换盆式支座时或遇其他特殊情况需增加顶升位移时,宜控制在 5mm,不得超过计算的允许值。

(2)顶升力计算应根据桥梁上部结构自重、设计荷载等级、实际交通量等因素综合考虑,按式 $F=kR$ 进行计算。其中,F 表示单个支座顶升力(kN);R 表示单个支座恒载与活载的标准值之和产生的支座反力(kN);k 表示安全储备系数,取值不小于 1.5。若封闭交通顶升,可不考虑活载影响。

(3)顶升应缓慢平稳,速度不宜大于 1mm/min,应记录从顶升开始至结束的千斤顶全过程位移量变化,并且应保持数据连续。

a)顶升过程现场监控

b)数据监控

图 11-2-8　分级顶升过程

(4)顶升过程中,横桥向相邻梁体高差不超过 0.2mm,当整联顶升时顺桥向相邻两墩顶升高差不得超过 2mm,如发现高差超限应立即停止顶升,待查明原因并排除故障之后方可继续顶升。

(5)在梁体顶升的高度满足支座更换的要求后,将梁体回落到临时支撑上。临时支撑可采用自锁千斤顶,其布置应保证梁体支撑安全和支座更换的可操作空间。

(6)监控系统实时监控顶升速度和高度,使梁体同步顶升。

(7)桥梁顶升施工期间,应对梁端位置的铰缝、桥面铺装、既有桥梁病害等进行跟踪观察。如出现异常,应立即停止顶升,待问题解决后方可继续顶升。对于存在病害的桥梁,应加强既有病害的观察或监控。

3)顶升过程监控

(1)监控项目主要包括顶升力、顶升位移、梁体位移和裂缝、梁体控制截面的应力、梁体复位后的控制高程与原高程的偏差等。

(2)所有监控仪器安装前应全数进行计量标定,安装调试正常后方可使用。宜采用智能化仪器设备。

(3)顶升过程中,若发现监控数据突变等异常情况时,应立即停止顶升作业并将梁体返回原位,待检查和排除异常情况后方可继续作业。

11.2.6 支座更换

1)板式支座更换

(1)支座定位

旧支座拆除前应提前在其周围做标记确定新支座位置,或在墩台帽顶面标记若干固定点,测量其到支座边缘的距离,通过计算确定新支座的位置。若旧支座出现明显偏位,宜根据墩台帽中心线和梁(板)的支撑中心线重新确定新支座的安装位置。

(2)旧支座拆除

采取有效措施取出旧板式支座,取出支座过程中应避免损伤梁体及触碰支撑系统和监测设备,如图 11-2-9 所示。若旧支座在顶升高度范围内无法取出,可采取凿除原支座垫石等措施。

图 11-2-9 取出板式橡胶支座

第11章 支座更换

（3）预埋钢板处理

梁底原预埋钢板，可对其进行打磨、除锈、清洗、防腐处理后二次使用。若原预埋钢板出现倾斜、不平整、变形等明显缺陷，应将其拆除并重新安装新钢板。

（4）支座垫石处理

在垫石经修复后还可继续使用的情况下，应先测量放样确定垫石所需修复的尺寸及高度，并使用结构胶修复缺陷。若需重新设置垫石，垫石的顶面高程和平整度应满足相关要求，如图11-2-10所示。重新设置支座垫石具体步骤如下：

①提前放样确定垫石的位置，宜通过支座中心的位置反算，测定垫石边缘位置。

②使用电风镐进行垫石的凿除，凿除垫石时，应避免伤及梁底、墩台。若梁底净空不足、使用风镐凿除困难时，宜使用取芯机水平打孔并配合风镐凿除。

③浇筑垫石前应按要求预埋钢筋网片，钢筋网片的钢筋间距、直径等应满足设计要求。

④垫石浇筑宜采用自流平水泥基灌浆料立模浇筑，模板位置应准确并固定牢固，浇筑过程中同批次混凝土应制作一组试块。垫石浇筑应严格控制高度和平整度，确保其顶面允许高差小于1mm的要求。

⑤垫石浇筑完成后，应覆盖保湿养护。

a) 垫石凿除

b) 垫石钢筋网片制作

c) 立模

d) 水泥基灌浆料拌制

图 11-2-10

e)支座垫石浇筑　　　　　　　　　f)支座垫石平整度检查

图 11-2-10　支座垫石处理

(5)板式支座安装

①使用支座结构胶对上钢板进行整平处理,上钢板与梁底之间的结构胶应密实饱满,并适当挤出多余胶体,挤出的胶体应及时铲除。若梁底坡度较大,上钢板难以直接使用结构胶调平时,宜预先塞入楔形块进行辅助调平,待结构胶凝固后拆除楔形块,继而使用结构胶修补填塞密实。桥台、过渡墩更换滑动支座时,应在上钢板底面点焊或粘贴一块厚度不小于2mm的304镜面不锈钢板,且结构胶必须饱满、无空鼓。

②若更换四氟滑板支座时,要在聚四氟乙烯滑板上涂抹硅脂油;四氟板油槽内、不锈钢板的表面不应有砂粒等杂物,且不应有划痕。涂抹硅脂油后,将橡胶支座安放在垫石的正确位置。

③对安装的支座进行全面检查,确保满足支座与上、下部结构紧密接触,不得出现脱空现象,如图11-2-11所示。支座安装完成后应及时安装防尘罩。

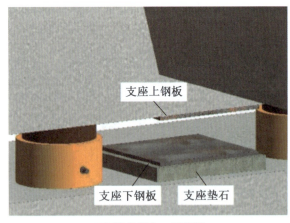

a)安装支座上、下钢板　　　　　　　　b)上下钢板平整度校核

图　11-2-11

　　c)涂抹硅脂油　　　　　　　　d)板式橡胶支座安装完成

图 11-2-11　板式橡胶支座安装

2) 盆式支座更换

（1）支座定位

盆式支座定位方法与上述板式支座一致。

（2）旧支座拆除

先拆除盆式支座和预埋钢板的锚固螺栓等固定装置，待梁体顶升后拆除四角螺栓，随后取出旧盆式支座。

（3）预埋钢板处理

梁底预埋钢板处理方法与上述板式支座一致。

（4）支座垫石处理

支座垫石如需处理，可按下列要求进行：

①使用轻、小型设备人工凿除楔形块和垫石，凿除时保留钢筋。

②新垫石的尺寸厚度以及楔形块中心厚度按原桥尺寸设置，楔形块和垫石的四角高度宜根据现场实测的梁底纵、横坡调整水平。

③加工预埋钢板，打孔，焊接 U 形爪，焊接预埋螺杆。

④核对支座位置并放样，安装并调平预埋钢板，调整下钢板四角用钢模块，使支座水平。

⑤浇筑垫石；垫石养护结束后，安装橡胶支座、四氟板和下座盆。活动支座更换安装前应清洗滑移面，在储油槽内注满清洁的硅脂类润滑剂，并在四氟板上涂刷润滑剂。

（5）盆式支座安装

①更换梁底和支座之间的上钢板，其对应螺栓位置处应进行开孔处理。

②将螺栓穿入上钢板；在梁底与上钢板之间采用结构胶填充，挤压胶体使其密实后，将上钢板与原预埋螺栓焊接；将螺栓多余部分割除。

③上座盆与上钢板进行焊接，采用分段点焊工艺，焊接时对支座采取必要的降温措施。

④盆式支座有固定支座、单向滑动及双向滑动支座三种类型，其规格型号、安装位置和滑移方向应满足设计图纸要求，安装后应拆除全部定位连接板。支座更换过程如图 11-2-12 所示。

a) 上下钢板钻孔

b) 上下钢板打磨

c) 上钢板焊接

d) 下钢板安装

e) 下钢板找平

f) 安装下座盆

g) 安装上座盆

h) 盆式支座安装现场图

图 11-2-12　盆式支座安装

11.2.7 主梁落梁

(1)落梁宜采用二次落梁法。落梁过程中,严格控制横桥向同步回落,同一墩顶横桥向相邻支座高差应满足设计要求;在无设计规定时,高差不宜超过 0.2mm,按照每级 1mm 的高度回落。

(2)第一次落梁:待支座及上钢板安装完成后,在结构胶初凝前进行第一次落梁。回缩千斤顶使梁底下降至预留高度为止,此时千斤顶进入自锁状态,铲除上钢板与梁体间的多余结构胶。挤胶后应及时检查胶体密实度,以保证上钢板与梁底密贴、无空隙,如图 11-2-13 所示。

图 11-2-13 铲除多余结构胶

(3)第二次落梁:当结构胶强度达到设计要求后方可进行第二次落梁。落梁时各千斤顶同步回油,直至千斤顶完全退出支撑工作。

(4)落梁完成后,应复核支座位置是否准确,确认各个部件之间压紧密贴、无空隙,复测各顶升处梁底高程,保证支座更换完成后梁底高程与顶升前的差值满足设计要求,如图 11-2-14 所示。

a)平整度测量

b)四脚高差测量

图 11-2-14 落梁结束检查

(5)梁体复位后应连续观察不小于 24h,检查支座和垫石无异常现象后,方可拆除顶升设备及临时支撑,并对支座进行防尘罩安装。

11.3 特殊情况下的支座更换

11.3.1 超低净空支座更换

1）适用范围

（1）超低净空支座更换适用于小跨径板梁桥的墩台帽顶面至板梁底面净空高度不足以布设常规千斤顶的桥梁支座更换。

（2）当净空高度在 40～70mm 时，可直接布设超薄千斤顶进行支座更换。

（3）当净空小于 40mm 时，可切割墩台帽表面混凝土保护层，布设超薄千斤顶进行支座更换。

（4）墩台帽净空或平面空间不足以布设千斤顶时，可设置千斤顶支撑架作为顶升反力平台。

2）施工方法及技术要求

超低净空支座更换施工工艺流程如图 11-3-1 所示。

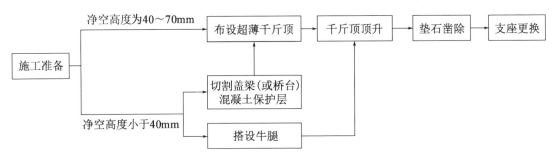

图 11-3-1　超低净空支座更换施工工艺流程图

（1）墩台帽保护层切割施工

①根据桥梁竣工图及现场实际情况，进行钢筋保护层厚度复核。计算墩台帽保护层切割深度，保证切割后梁底净空大于 40mm 的要求，如图 11-3-2 所示。

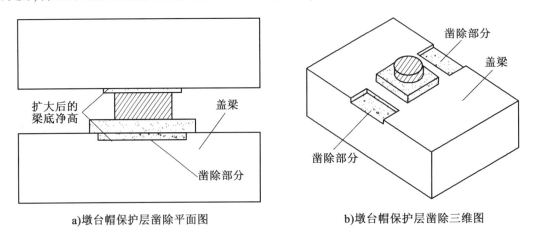

a) 墩台帽保护层凿除平面图　　　b) 墩台帽保护层凿除三维图

图 11-3-2　墩台帽保护层切割

②一般使用盘踞机等器械切割墩台帽顶面钢筋保护层。切割过程中应缓慢推进，严格控制切割、凿除的厚度，避免伤及主体结构及其内部的钢筋，如图 11-3-3 所示。

图 11-3-3 混凝土保护层切割

③切割完成后,宜使用电风镐等轻型机械凿除混凝土,避免因过大振动导致墩台帽损伤。

④切割及凿除工作完成后,应在墩台帽顶部浇筑自流平砂浆找平工作面。支座更换完成后,可采用自流平砂浆、环氧砂浆或结构胶恢复墩台帽顶面局部凿除的部位。

(2)超薄千斤顶顶升

超薄千斤顶高度约 40mm,最大行程约为 10mm,如图 11-3-4 所示。超薄千斤顶布设、试顶升、正式顶升的施工步骤及技术要求可参见本指南 11.2 节。

(3)狭小空间垫石凿除

当施工操作空间小、不方便操作时,可用水磨钻机钻孔进行垫石凿除,如图 11-3-5 所示。采用水磨钻机钻孔进行垫石凿除的施工要求如下:

①在接通电源、水源后,应先启动电动机,使之空转,检查确认磨盘旋转方向与箭头所示方向一致;待运转正常后,再缓慢钻进进行作业。

②作业中,使用的冷却水不得间断。当发现磨盘跳动或异响,应立即停机检修。停机时,应先提升磨盘、后关机。作业过程中,施工人员不得正对着水磨钻机。

③作业完成后,应切断电源,清洗各部位的泥浆,放置在干燥处,用防雨布遮盖。

图 11-3-4 超薄千斤顶

图 11-3-5 使用水磨钻机钻孔进行垫石凿除

（4）狭小空间支座更换

①当净空高度与支座高度差值小于10mm时，先将梁体顶升1～3mm，然后取出原支座，再将原支座上下支撑面范围清理干净。

②当净空高度与支座高度差值在10～35mm之间时，先将梁体顶升1～3mm，然后按照二次落梁的方法用结构胶调平上钢板，垫石部位用结构胶找平。

③除上述工艺要求以外，其他施工流程参照本指南11.2节。

11.3.2 深桥台支座更换

1）适用范围

桥台处支座位置较深，距离桥台前缘超过1m或人工难以接触到的支座称为深桥台支座。更换深桥台支座时需破除路面、打开背墙，在台帽位置进行支座更换。

2）施工方法及技术要求

（1）深桥台支座更换施工工艺流程如图11-3-6所示。除桥台部位破除与恢复外，其他施工流程参照本指南11.2节。

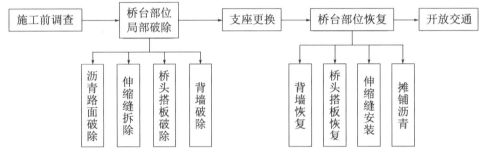

图11-3-6 深桥台支座更换施工工艺流程图

（2）桥台部位局部破除

①按设计图纸要求，破除相应部位的沥青混凝土；人工拆除伸缩缝，以免使用大型机械凿除损伤桥梁结构。

②凿除搭板位置混凝土，开挖清理搭板下填料至背墙底部，拆除背墙，此时注意保留台帽、耳墙与背墙的原预埋钢筋。凿除时应及时外运产生的施工垃圾。

③背墙浇筑工艺涉及搭板下的回填填料与原路基填料的有效搭接、搭板上新摊铺沥青铺装与原沥青铺装的搭接及背墙底部与台帽接缝处的处理。

④在搭板下的回填填料与原路基填料的搭接处，凿除时在交接面处设好台阶，台阶宽度宜为300mm。

（3）桥台部位恢复

①支座更换完成后根据设计图纸在台帽处进行钻孔植筋，为了避开台帽内部钢筋，允许适当移动钻孔位置，植筋具体施工步骤参见本指南2.3节。

②背墙钢筋绑扎、模板安装后浇筑混凝土，经养护拆模恢复背墙破除前原样。

③背墙拆模养护完成后，对原台背位置进行素混凝土回填。

④搭板钢筋绑扎，进行重新浇筑，恢复破除前原样。背墙与台帽结合处应凿毛，并设置剪力槽或植入短钢筋处理。

11.3.3 单支座更换

1）适用范围

（1）单支座更换适用于桥梁同一墩台多个支座中仅有单个或若干个支座发生病害需要更换的情况。

（2）主要适用于空心板梁、组合箱梁、T 梁等各类桥梁支座的更换。

（3）"主动脱空"体系适用于支座完全脱空或缺失的情况。该体系下在拆除支座垫石后，直接安装顶升支撑装置，通过向上反压拟更换的新支座来平衡支点处梁体恒载，最终完成支座更换。

（4）"被动脱空"体系适用于支座局部脱空、老化严重的情况。该体系下支座尚处于部分持力状态，与"主动脱空"体系最大不同之处在于为确保支座更换前后梁底高程不变，需在梁底支点附近预先设置千斤顶及临时支撑。

2）施工方法及技术要求

（1）单支座更换施工工艺流程如图 11-3-7 所示。

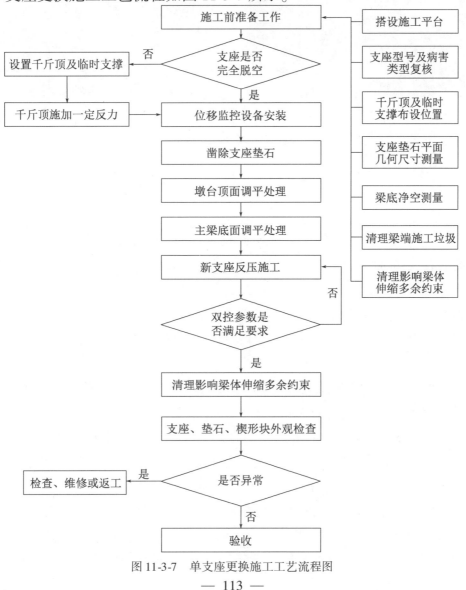

图 11-3-7　单支座更换施工工艺流程图

(2)施工准备

①对需进行支座更换的墩台帽位置、病害位置等进行复核,确认位置无误后方可施工。

②施工中使用的临时支撑应具有足够的强度、刚度及稳定性,单支座更换所使用的反压装置和扭力扳手应具有合格证书,并在使用前进行标定,如图11-3-8所示。

③施工前,应首先对上部结构信息(参考竣工图纸)、支座病害类型、支座型号、垫石平面几何尺寸、梁底净空、千斤顶及临时支撑布设位置等技术参数进行调查和测量,确定反压力目标值并为反压装置设计提供依据。

a)反力装置　　　　　　　　　　　b)扭力扳手标定

图 11-3-8　单支座更换用具

(3)临时支撑和支座安装

①对于被动脱空支座,在拆除病害支座之前应首先设置临时支撑,临时支撑位置宜布置在相邻板梁铰缝中心线位置。

②当支点反力大于200kN时,为确保结构安全,可同时设置千斤顶及临时支撑,通过千斤顶对梁底预先施加一定的顶升力(20%～30%的反力)。待千斤顶油压稳定后,锁定临时支撑。

③施工过程中应反复多次复核支座、垫石以及上钢板位置,确保施工位置准确。应使用百分表等仪器对支座更换整个施工过程中主梁的高程进行全程监控。

(4)支座反压

①支座反压施工前,根据标定的"扭力－反压力"关系曲线进行计算,确定扭力值,其反压力值原则上不超过恒载的1.2倍。

②首先进行新支座预压,采用扭力扳手对新支座进行预压,预压力应控制在5～10kN。扭力施加过程中应分批次进行加压,并保证反压装置的受力均匀。预压操作时,应按一定角度逐一旋转反压装置的四脚外螺母,预压过程中应随时观察支座与梁底的贴合情况。

③确认支座与梁底调平块底面完全密贴后,应采用扭力扳手分批次、持续均匀地施加扭力对支座进行加力压缩。支座反压施工结束后,主梁高程变化不得超过0.2mm。根据扭力、梁底高程等参数指标控制支座的反压过程及支座压缩情况,确保和支点处梁体

恒载反力相平衡。

(5) 支座垫石浇筑

反压完成后,安装垫石钢筋,垫石钢筋应尽可能避开反压装置的扭力腿;如无法避开,可适当减少钢筋数量。钢筋绑扎完成后,安装支座垫石模板,模板安装应做好模板下方封口工作,防止漏浆。模板安装后,将模内杂质清理干净并将接触面湿润后再进行浇筑,浇筑过程使用橡胶锤配合敲击振捣。

单支座更换施工如图11-3-9所示。

a) 取出旧支座

b) 安装新支座与临时支撑

c) 支座与梁底贴合

图11-3-9 单支座更换施工

11.3.4 整联顶升支座更换

1) 适用范围

(1) 桥梁多个桥墩需要进行支座更换,且同一联更换支座桥墩数占该联总桥墩数2/3以上时。

(2) 单墩顶升更换支座产生的梁体竖向位移导致梁体可能产生损伤时。

(3) 整联顶升时最大顶升高度不宜超过5mm,要求相邻墩顶顶升高差不超过2mm,同一墩顶横桥向相邻支座顶升高差不得超过0.2mm。

2)施工方法及技术要求

(1)整联顶升施工工艺流程如图11-3-10所示。

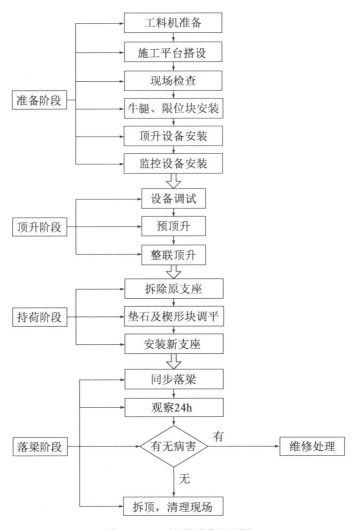

图11-3-10 整联顶升流程图

(2)整联顶升技术要求

①顶升方案应按照设计图纸要求选择合适的千斤顶、顶升系统及布设方案,确保将需要更换支座梁体的一幅整联同步顶起。

②所有千斤顶缓慢用力整体顶升梁体使其离开支座。顶升按照每级1mm行程进行,顶升速度控制在1mm/3min。当实际顶升力接近设计值时,放缓顶升速度,并由专人在顶升过程中尝试取出支座;当上钢板与支座发生脱离可取出支座时,即可停止顶升。

③安装辅助支撑,辅助支撑和梁体、墩柱顶面之间设置合适厚度的钢垫板。顶升完成后进行支座更换。

(3)顶升安全控制措施

对于有较大横坡或纵坡的桥梁,为防止桥梁顶升过程中梁体偏移,需在顶升前,采取适当的横向或纵向限位措施。

①可在伸缩缝处梁端设置纵向限位块。首先在高温时和低温时分别测量伸缩缝处

梁端间的距离,然后加工钢限位块。钢限位块表面粘贴5mm厚硬橡胶板。在高温时塞入梁端,待由于温度变化而引起梁端间的间距变化时,通过增减不同厚度的钢垫板调整钢限位块厚度,起到阻止梁体纵向滑移的作用。

②横向限位块应满足设计要求。横向抗滑移挡块一般由侧向挡板、顶板和加劲肋板三部分组成,通过对顶板进行植筋锚固安装在墩柱的两侧,如图11-3-11所示。

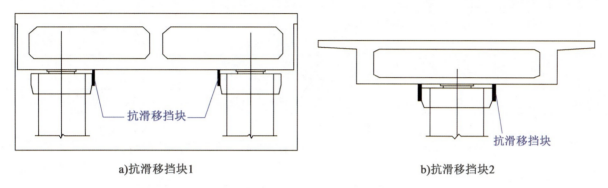

a) 抗滑移挡块1　　　　　　　　　　b) 抗滑移挡块2

图 11-3-11　抗滑移挡块示意图

(4) 梁体位移监测

梁体位移监测设备包括位移传感器、应变传感器等,条件允许时可接入同步顶升系统。当整联顶升点位较多时,平面位移监测设备应单设一套系统。

①横向位移传感器设置于每个墩顶两侧的耳墙与梁体之间,每个墩台帽两侧对称设置。

②纵向位移传感器设置于桥梁整联两头伸缩缝处,位移传感器固定在非顶升联的梁端,拉线固定在与顶升联对应的梁端,桥梁整联两头伸缩缝处对称设置。

③顶升前将监测设备的传感器读数归零,若位移超限,则应停止顶升或其他施工作业,并根据设计要求用千斤顶对该位置梁体进行位移校正复位。

11.4　质量检验

11.4.1　实测项目

支座更换施工过程中,应对支座中心横桥向偏位、顺桥向偏位、支座偏位等进行测量,具体测量项目见表11-4-1、表11-4-2。支座垫石实测项目见表11-4-3。

表 11-4-1　板式支座安装实测项目

项次	检查项目		规定值或允许偏差	检查方法和频率
1	支座中心横桥向偏位(mm)		2	钢尺;每支座
2	支座顺桥向偏位(mm)		10	钢尺;每支座
3	四角高差(mm)	承载力≤500kN	1	参见本指南附录 H
		承载力>500kN	2	
4	梁体复位后与顶升前的高程偏差(mm)		0.5	监控设备:全数检查

表 11-4-2　盆式支座安装实测项目

项次	检查项目	规定值或允许偏差	检查方法和频率
1	支座中心横桥向位置（mm）	3	钢尺：每支座
2	支座中心纵桥向位置（mm）	3	钢尺：每支座
3	上、下座钢板周边间距差（mm）	2	钢尺：每支座
4	梁体复位后与顶升前的高程偏差（mm）	0.5	监控设备：全数检查

表 11-4-3　支座垫石实测项目

项次	检查项目		规定值或允许偏差	检查方法和频率
1	混凝土强度（MPa）		满足设计要求	现行《公路养护工程质量检验评定标准　第一册　土建工程》（JTG 5220）
2	轴线偏位（mm）		≤5	全站仪、尺量；测支座垫石纵、横方向，抽查50%
3	断面尺寸（mm）		±5	尺量：测1个断面，抽查50%
4	顶面高程（mm）		±2	参见本指南附录G
	顶面高差（mm）	垫石边长≤500mm	≤1	
		其他	≤2	
5	预埋件位置（mm）		≤5	尺量：测每件
6	支座钢板（°）		水平度0~0.1，平整度0~0.1	水平尺

11.4.2　外观检查

（1）支座附近无垃圾和废弃混凝土等施工废料。

（2）支座不应有偏压、裂纹、脱空或起鼓现象，不应有超出设计要求的初始剪切变形。

（3）支座垫石不应有裂缝等缺陷，不应有未拆垫石模板。

（4）墩台帽顶面和梁底支承不应有新增裂缝或其他局压损坏现象。

（5）不锈钢板上无砂粒等杂物。

第 12 章 伸缩缝更换

12.1 一般规定

(1)当伸缩缝出现边梁、中梁断裂等严重损伤影响行车安全的情况时,应及时进行更换。

(2)伸缩缝更换应参阅桥梁竣工图纸、管养单位的定期检查报告及运营期间历年维修养护资料,并根据伸缩缝的缺损状况制定专项施工方案。

(3)伸缩缝更换方案应根据原伸缩缝类型、规格型号和交通流量,确定是整体更换还是分段更换。

(4)伸缩缝锚固区的混凝土材料,宜选用强度等级 C50 以上的纤维混凝土或快硬混凝土,同时所选用的混凝土应具有足够的抗裂性能。

(5)伸缩缝更换施工前应对施工路段进行交通管制,做好施工中的交通疏导和安全防护工作。

(6)伸缩缝更换应符合现行《公路桥梁支座和伸缩缝养护与更换技术规范》(JTG/T 5532)的规定。

12.2 施工流程及方法

伸缩缝需承受各种复杂的动力荷载或冲击,还需经受疲劳、磨损以及各种侵蚀,是桥梁中的易损构件之一。伸缩缝安装时应根据具体情况对伸缩缝的初始状态进行调整。更换后的伸缩缝应与两端结构连接可靠,并应具有良好的平整度,以免引起横桥向积水。以模数式伸缩缝为例,伸缩缝更换施工如图 12-2-1 所示。

图 12-2-1 伸缩缝更换施工

12.2.1 施工流程

伸缩缝更换施工工艺流程如图 12-2-2 所示。

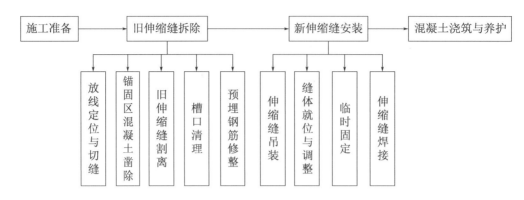

图 12-2-2　伸缩缝更换施工工艺流程图

12.2.2 施工准备

1）材料要求

（1）伸缩缝材料

模数式伸缩缝和单缝异形钢式伸缩缝材料的性能应符合现行《公路桥梁伸缩装置通用技术条件》（JT/T 327）的规定。新更换伸缩缝所采用的主要受力构件和零部件应具有产品合格证、质量保证书和第三方检测报告。

（2）快硬混凝土

在有快速开放交通需求时，宜采用快硬混凝土，其性能指标应符合表 12-2-1 的规定。

表 12-2-1　快硬混凝土性能指标

抗压强度（MPa）			初凝时间（min）	终凝时间（min）
3h	1d	28d		
35	40	50	30~45	120~180

（3）其他材料

伸缩缝更换使用的材料主要包括钢筋和植筋胶，植筋胶性能指标应符合本指南附录 A.3 的规定。

2）设备要求

设备和机具如图 12-2-3 所示，基本配置应包括但不限于：

（1）手持式切缝机、凿岩机、起重机、电焊机、混凝土搅拌车、混凝土振捣器等。

（2）孔刷、钢丝刷、注胶枪、铅锤、长直尺、水平尺等辅助设备工具。

3）作业要求

本作业适合在天气良好、环境温度在 5℃ 以上时进行，具体要求参考施工用材料产品说明书确定。

a) 手持式路面切缝机　　　　b) 凿岩机

c) 混凝土搅拌车　　　　d) 电焊机

图 12-2-3　机具设备

12.2.3　旧伸缩缝拆除

1) 切缝

使用切缝机沿放样线路进行切缝,切缝边口应整齐无缺损。切缝后及时用水清洗,保持路面清洁。

2) 凿除锚固区混凝土

使用凿岩机凿除锚固区混凝土,凿除时应注意不损伤梁体,尽可能保留原预埋钢筋。

3) 割除旧伸缩缝

用气割设备割除旧伸缩缝与预埋钢筋及贯穿钢筋的连接,切割时应避免损伤预埋钢筋,随后将伸缩缝吊装运出施工现场。

4) 清理槽口

清除凿除的混凝土块,并修整槽口,将安装槽内的颗粒及细渣清理干净。清理主梁梁端以及梁端与桥台之间的垃圾和杂物,保证梁体伸缩自由。

旧伸缩缝拆除施工如图 12-2-4 所示。

12.2.4　新伸缩缝安装

1) 修整预埋钢筋与植筋

(1) 修整预埋钢筋

①清理完槽间杂物后,应检查槽口内预埋钢筋的完好情况,如出现弯曲变形应进行

调整复位,并对预埋钢筋进行防锈处理。

②若预埋钢筋出现断裂,锚固钢筋的水平或竖直段钢筋露出混凝土表面大于150mm时,可通过搭接钢筋方式进行修补。搭接钢筋和预埋钢筋的单面焊接长度应不小于10d（d为预埋钢筋直径）。伸缩缝槽口预埋钢筋如图12-2-5所示。

a)放线定位

b)切缝锚固区混凝土

c)凿除伸缩缝两侧混凝土

d)清理槽口

图12-2-4 旧伸缩缝拆除

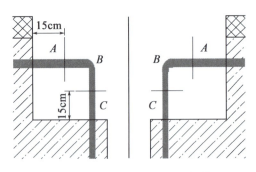

图12-2-5 伸缩缝槽口预埋钢筋

（2）植筋

①当锚固钢筋的水平或竖直段钢筋露出混凝土表面小于150mm或原预埋筋与伸缩缝锚筋间距大于100mm时,应按规定进行植筋,植筋深度不小于10d（d为植筋直径）。

②根据设计要求,在凿毛后的混凝土表面标示出植筋位置及钢筋直径。钻孔与植筋如图 12-2-6 所示,具体施工步骤参见本指南 2.3 节。

图 12-2-6　插入螺纹钢筋

2)安装新缝

(1)伸缩缝吊装

①伸缩缝安装前应对其进行平整度的检查,型钢的平整度应控制在 2mm 以内,同时无扭曲变形、碰撞弯曲、划磨等损坏。

②采用吊装设备进行吊装时应注意保护伸缩缝表面涂层不被破坏,如发生损伤应在伸缩缝安装后应及时补涂涂料。

(2)伸缩缝就位

①伸缩缝就位前,应在缝体两侧锚环内设置贯穿钢筋。

②伸缩缝安装时严格控制缝体高程,保证其与路面顺接;沿纵桥向检查伸缩缝的顶面高程与桥面铺装层高差是否满足要求。

(3)临时固定

①固定伸缩缝缝体时,应沿更换伸缩缝的一端向另一端进行,伸缩缝的锚固筋与预留槽口的预埋钢筋应每隔 2~3 根锚固筋焊接一次,两侧应对称施焊。

②以型钢和边梁间隙为基准,标示伸缩缝对齐的基准线,每隔 200mm 复核一次缝宽,如图 12-2-7 所示。

图 12-2-7　缝宽复核

③临时固定完成后,全面检验伸缩缝的中心线、高程、平整度、顺直度等参数,全部合格后方可进行下一步工序。

12.2.5 伸缩缝焊接

1)伸缩缝焊接

(1)伸缩缝采用分段更换施工时,应将型钢进行焊接,如图12-2-8所示。焊接接头应设置在受力较小处,且各型钢焊缝宜错开布置,错开距离不小于80mm。

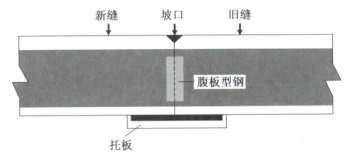

图12-2-8 型钢对接示意图

(2)在进行型钢焊接时,坡口形状宜采用V形,如图12-2-9所示。坡口尺寸应满足现行《气焊、焊条电弧焊、气体保护焊和高能束焊的推荐坡口》(GB/T 985.1)的相关要求。

(3)除型钢连接部位上端采用对接焊接外,宜在型钢底板部位预先焊接托板,托板厚度和宽度不小于型钢下翼缘板的厚度和宽度。对于同一断面附近有多根型钢焊接时,宜在型钢腹板单侧或双侧增设钢板焊接,钢板厚度大于20mm。

(4)焊接后清除焊渣,用手提砂轮机磨平处理,并采取涂装等防腐措施。

图12-2-9 新缝预留坡口

2)焊接固定

(1)伸缩缝更换安装时间宜选择昼夜温差变化相对较小的时段。

(2)焊接时,将每个锚环与预埋筋一一对应焊接,焊缝长度不小于$10d$(d为预埋筋直径)。同时,应及时复测型钢的平整度,平整度应控制在0~2mm之间。

(3)贯穿钢筋应分别与预埋钢筋、伸缩缝锚固钢筋焊接或绑扎在一起,如图12-2-10

所示。

（4）为提高锚固区混凝土抗裂性能,可在混凝土内设置钢筋网。

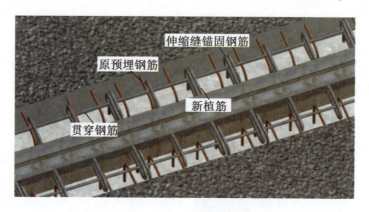

图 12-2-10　焊接贯穿钢筋

12.2.6　混凝土浇筑与养护

1）混凝土支模

（1）模板应具有一定的刚度,确保在混凝土振捣时模板不出现移动、脱落、漏浆,以及外溢浆液进入位移箱等情况。

（2）为防止浇筑混凝土进入型钢内侧的槽口中,型钢的上面要采用胶布封贴。

（3）混凝土浇筑前,应在预留槽口两侧 3m 范围内的沥青混凝土上铺设薄膜、塑料布或篷布,并采用塑料胶带粘贴于两侧路面的边口处,防止水泥浆污染路面。

2）混凝土浇筑

（1）两侧连续浇筑混凝土,并将其摊铺平整,使用振捣棒振捣密实。如混凝土浇筑时出现漏浆,应排查漏浆位置,及时封堵漏浆部位或加固模板,如图 12-2-11 所示。

（2）应重点检查确认位移箱处混凝土振捣密实,并对顶面进行抹平处理,如图 12-2-12 所示。

（3）浇筑过程中,应留设混凝土试件,分别用于测试开放时和 28d 的混凝土抗压强度。

图 12-2-11　浇筑混凝土

图 12-2-12　顶面抹平

3）混凝土养护

（1）浇筑完成后，应及时养护，可采用浇水保湿养护或使用养护液养护，如图12-2-13、图12-2-14所示。

（2）气温较高时，应保持混凝土湿润，防止开裂；气温较低时，应采取保温措施。

（3）混凝土凝固后，安装橡胶密封条，应保证封条密实、平顺、不漏水。

（4）达到强度要求后，开放交通。

图12-2-13 混凝土表面覆盖土工布

图12-2-14 混凝土表面洒水养护

12.3 质量检验

12.3.1 实测项目

伸缩缝更换实测项目应符合表12-3-1的规定。

表12-3-1 伸缩缝更换实测项目

项次	实测项目	规定值或允许偏差		检测方法和频率
1	伸缩缝长度（mm）	满足设计要求		尺量：每道
2	伸缩缝缝宽（mm）	满足设计要求		尺量：每道测5处
3	焊缝尺寸（mm）	满足设计要求		量规：检查全部，每条焊缝检查2处
4	与桥面高差（mm）	≤2		尺量：伸缩缝两侧各测5处
5	纵坡（%）	一般	±0.5	水准仪：每道测纵向锚固混凝土5处
		大型	±0.2	
6	横向平整度（mm）	≤3		3m直尺：每道顺长度方向检查伸缩缝及锚固区混凝土
7	混凝土强度（MPa）	满足设计要求		现行《公路养护工程质量检验评定标准 第一册 土建工程》（JTG 5220）

12.3.2 外观检查

(1)型钢焊缝应无裂纹、焊瘤、夹渣、未焊透、电弧擦伤等缺陷。

(2)伸缩缝无阻塞、渗漏等现象,安装好的伸缩缝应保证上部结构能自由伸缩。

(3)伸缩缝表面及锚固区混凝土与相邻沥青路面保持平顺。

(4)锚固区混凝土应密实、平整,无明显裂纹等缺陷。

(5)橡胶条嵌入位置准确、安装牢固,缝间无杂物。

第 13 章　桥梁上部结构整体抬升

13.1　一般规定

（1）桥梁上部结构整体抬升是指通过改造支座垫石、立柱接高等手段增加桥梁上部结构净高的方法。

（2）上部结构整体抬升前，应收集桥梁原始勘测报告、设计图、竣工图、维修加固历史等相关资料，并对桥梁进行现场勘察。同时，应编制施工专项方案，并进行专家论证。

（3）桥梁上部结构整体抬升不应改变结构原有受力体系，不应对原桥产生损伤，否则应进行加固设计和验算。

（4）垫石更换顶升是指通过改造旧支座垫石来增加桥梁下部净空，适用于抬升高度在 500mm 以下的桥梁顶升。立柱接高顶升是指对立柱进行切割并对断柱进行接高，适用于抬升高度在 500mm 以上的桥梁大位移顶升。

（5）在桥梁上部结构整体抬升施工过程中，应对桥梁受力状况及稳定性等进行验算，确保桥梁施工过程的安全性。

（6）桥梁上部结构整体抬升宜采用整体同步控制系统进行顶升，采用顶升位移和顶升力双控。顶升设备及监控设备应进行校验与安装调试。

（7）上部结构宜在纵横向设置限位措施，防止顶升过程中的意外失稳或倾覆，限位措施的设置不应妨碍顶升施工。

（8）桥梁上部结构整体抬升期间，应加强对既有结构状态的监控，加强对桥梁主体结构及辅助设施的巡视检查。

（9）桥梁上部结构整体顶升应在封闭交通的情况下进行，整体抬升应符合现行《桥梁顶升移位改造技术规范》（GB 51256）的规定。

13.2　施工流程及方法

桥梁拆除重建具有施工周期长，对交通影响大、对环境干扰大等问题，因此旧桥改造与利用显得尤为重要。针对梁下净空不足、线路改造等问题往往需要对上部结构进行抬升，而上部结构整体抬升技术可最大限度地减少拆除重建带来的不良影响。

桥梁上部结构整体顶升有垫石更换顶升和立柱接高顶升两种方式。垫石更换顶升工期短、成本相对较低，立柱接高顶升对上部结构扰动较小，易实现同步性。桥梁上部结构整体顶升施工如图 13-2-1 所示。

a) 垫石更换顶升

b) 立柱接高顶升

图 13-2-1　桥梁上部结构整体顶升施工

13.2.1　施工流程

桥梁上部结构整体抬升施工工艺流程如图 13-2-2 所示。

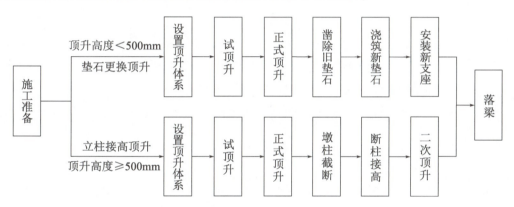

图 13-2-2　桥梁上部结构整体顶升施工工艺流程图

13.2.2　施工准备

1) 材料要求

支座垫石、立柱接高的浇筑宜采用水泥基灌浆料,其性能指标应符合现行《工程结构加固材料安全性鉴定技术规范》(GB 50728)的规定。墩柱截断后,接高段的混凝土宜采用自密实混凝土,其性能指标宜符合现行《自密实混凝土应用技术规程》(JGJ/T 283)的规定。

2) 设备要求

设备和机具应包括但不限于:

(1) 同步顶升控制系统、切割机、电风镐、取芯机、打磨机、钢筋探测仪、金刚石切割绳(图 13-2-3)。

(2) 卷尺、空鼓锤、抹刀、水平尺、内径卡规。

顶升千斤顶及油压表在使用前必须逐个进行标定和保压试验。

图 13-2-3 金刚石切割绳

3) 作业要求

(1) 桥梁上部结构整体顶升施工作业宜在天气良好、环境温度 5℃ 以上的条件下进行；如需在夜间或不良天气施工，应具有相应的可靠保障措施。

(2) 桥梁上部结构整体顶升前需对梁体的结构状况进行检查，对影响顶升的结构缺陷进行适当评估和修复，解除梁体及墩台的约束。

①约束解除。检查桥梁是否存在影响顶升的约束，如伸缩缝、过桥管线、防落梁装置等。

②墩身检查。检查墩台是否存在裂缝等病害，避免对顶升施工安全造成影响，特别是需要对各支撑点（千斤顶和临时支撑位置）处接触的梁底和墩台进行全面检查。若存在病害，须进行相应的维修加固，之后方可进行后续施工。

③主梁检查。检查梁端与桥台间是否存在垃圾堵塞现象，若存在应对垃圾进行彻底清理。检查两端与桥台间是否存在抵死现象。检查腹板、底板、翼缘板是否存在裂缝等病害，对存在病害的位置进行详细记录并现场进行标记。根据现场实际情况做好裂缝监测，避免施工中裂缝增大或发生其他变化，影响结构安全。检查主梁和梁端抗震挡块的间隙，清理间隙中的垃圾。

13.2.3 顶升施工

1) 千斤顶布置

垫石更换顶升和立柱接高顶升两种方式的顶升反力体系如图 13-2-4 所示，顶升反力体系结构如图 13-2-5 所示。千斤顶布置具体施工步骤及技术要求参见本指南 11.2 节。

(1) 垫石更换顶升的情况下，若梁底净空足够可采用千斤顶直接顶升方式，梁底净空不足时，可采用临时支撑系统。

(2) 立柱接高顶升的情况下，可在立柱切割部位的两端分别设置顶升反力体系，如上下抱柱梁、盖梁和抱柱梁、抱柱梁和承台、盖梁和承台，随后进行立柱切割并顶升。

2) 顶升

(1) 正式顶升前应进行预顶升，预顶升的施工步骤参见本指南 11.2 节。

(2) 由于桥梁上部结构顶升高度较高，千斤顶行程有限，可采用交替顶升。遵循位移和顶升力双控原则，以位移控制为主，顶升力控制为辅，以确保构件在顶升中的安全。

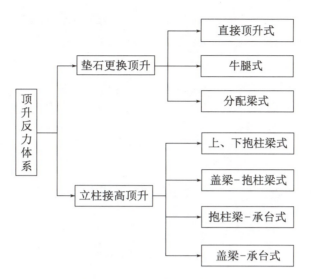

图 13-2-4 顶升反力体系形式

a) 直接顶升式

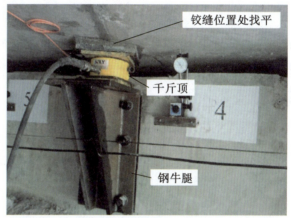
b) 牛腿式

c) 分配梁式

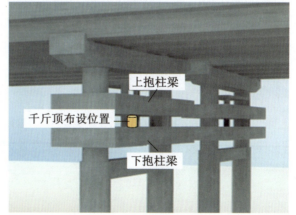
d) 上、下抱柱梁式

图 13-2-5 顶升反力体系结构

（3）交替顶升施工步骤如图 13-2-6 所示。

（4）顶升 1 个设定的安全行程后，将千斤顶机械锁母锁紧，增设临时支撑。

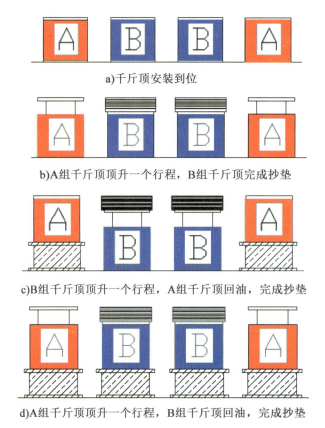

图 13-2-6 交替顶升施工

（5）设置临时支撑应满足以下要求：

①临时支撑采用专用钢垫块和机械螺旋顶，钢垫块高度分为 50mm、100mm、200mm 和 500mm 四种。为防止钢垫块在受力时发生偏移，在加入钢垫块时将每个垫块之间利用螺栓等方式连接。

②顶升前准备好足够的钢垫块，每次顶升的高度应略高于钢垫块的厚度，以满足垫块安装的要求。

③采用临时调平胶对临时支撑点进行调平后，在梁底和钢垫块之间用钢板垫平、垫实。临时调平胶参见本指南附录 A.7。

（6）顶升应缓慢平稳，顶升速度不宜大于 1mm/3min。顶升施工如图 13-2-7 所示。顶升过程中，横桥向相邻梁体高差不超过 0.2mm，整联顶升顺桥向相邻梁体顶升高差不超过 2mm。如发现高差超限应立即停止顶升，待查明原因并排除故障之后方可继续顶升。

3）顶升过程监控

（1）施工前应制定监测与控制方案，对于顶升过程中可能发生的状态变化设定必要的预警值和极限值。

（2）位移监测应符合下列规定：

①位移监测的内容宜包括桥梁结构的横向、纵向和竖向位移。

②位移监测的测点布置、仪器安装应在顶升前完成，并获取初始数据。

a)布设千斤顶

b)布设临时支撑

c)顶升至设计高程

图 13-2-7　顶升施工

③主梁水平位移和阶段竖向位移测点宜设置在桥面，主梁实时竖向位移监测位移传感器可布置于梁底顶升千斤顶附近。

（3）裂缝监测内容包括原有裂缝位置、长度、宽度变化，以及是否出现新裂缝。宜采用具有实时监测功能的裂缝监测仪测量。

（4）应力或应变监测应符合下列规定：

①应力或应变监测应与位移监测相结合，不同监测项目间数据应能相互验证。

②应力或应变测点布置应根据结构的受力特点选择关键或敏感部位设置，具体位置可通过建立桥梁结构模型对施工过程进行模拟分析确定。

（5）设备监测应符合下列规定：

①设备监测内容宜包括每一轮顶升后液压系统压力与千斤顶行程。

②施工设备的实际运行数据应与监测结果核对，若出现异常情况，应暂停施工并及时处理。

（6）监测的项目及频率见表13-2-1。

（7）针对桥梁上部结构整体抬升的技术特点，对主梁、墩台、盖梁等结构进行质量检验和验收，顶升过程中应对裂缝及其宽度进行检查和监测。

表 13-2-1　桥梁顶升监测项目及频率

项次	监测项目	监测频率
1	上部结构高程	不少于 3 次
2	水平位移和竖向位移	实时监测
3	控制点三维坐标测量	不少于 3 次
4	裂缝监测	实时监测
5	应变监测	实时监测
6	温度监测	实时监测

13.2.4　垫石改造

1) 凿除旧支座垫石

(1) 人工对旧支座垫石进行凿除,凿除过程中应采取保护措施对临时支撑进行保护。

(2) 可采用小功率电锤凿除盖梁上表面的混凝土保护层,直至露出盖梁主筋;随后清理盖梁表面凿除的混凝土。

(3) 铺设新垫石钢筋网片,新垫石钢筋与盖梁主筋采用焊接连接,焊接长度不小于 $5d$(d 为钢筋直径)。旧支座垫石凿除如图 13-2-8 所示。

a) 凿除原有垫石

b) 凿除盖梁表面混凝土

c) 铺设钢筋网片

图 13-2-8　凿除旧支座垫石

2)浇筑支座垫石

(1)按照旧支座垫石的设计位置放样,根据支座垫石高度,预留5mm作为第一次落梁时挤压结构胶的调平厚度。

(2)按照设计图纸要求植入钢筋并进行钢筋绑扎,如图13-2-9所示。

(3)立模应位置准确并严格控制高程;确定模板平顺后,方可浇筑混凝土。

a)植入钢筋

b)立模并浇筑混凝土

图13-2-9 支座垫石改造

3)支座安装

(1)对梁底的原预埋钢板进行打磨除锈处理。打磨至有金属光泽并将周边局部混凝土凿毛后,采用支座调平用结构胶调平梁底预埋钢板,如图13-2-10所示。

(2)支座安装如图13-2-11所示。支座位置确定及安装具体步骤参见本指南11.2节。

图13-2-10 原预埋钢板打磨除锈

图13-2-11 新支座安装

4)落梁

(1)落梁宜采用二次落梁法,具体步骤参见本指南11.2节。

(2)二次落梁后检查每个支座情况是否符合要求,检查项目主要有支座四角高差、支座受力是否均匀等,检查无误后移除顶升设备,清理盖梁,如图13-2-12所示。

(3)对盖梁位置的抗震挡块等进行恢复。

图 13-2-12　支座四角高差检查

13.2.5　墩柱接高

1）墩柱截断

考虑桥梁顶升后便于墩（柱）加固的位置，宜选择桥墩和盖梁连接部位附近位置，应避免选择桥墩底部塑性铰位置，一般采用绳锯对立柱进行切割，墩柱截断作业如图13-2-13所示。

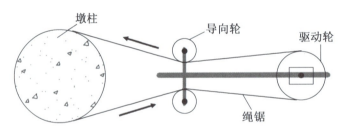

图 13-2-13　墩柱截断作业示意图

（1）钻孔与植筋

使用钻孔机在立柱四周放线位置进行钻孔，钻孔之后需对孔洞进行清理并植入相应强度的化学锚栓，钻孔与植入化学锚栓的具体施工步骤参见本指南2.3节。

（2）安装导向轮及切割绳索

按照设计要求安装导向轮及适宜型号的液压金刚石绳索，应保证轮边与绳孔中心线对齐。

（3）墩柱切割

①对顶升系统逐级加载，截断时加载应达到上部结构自重设计值的90%，在整个截断的过程中，系统应处于持荷状态。

②对接高墩柱进行切割，并凿除该区间的混凝土。墩柱切割施工如图13-2-14所示。

③进行二次顶升至设计高程。

2）墩柱接高

（1）绑扎接高段钢筋

①使用挤压套筒或绑条焊将接高段钢筋和原桥墩内部钢筋进行连接，宜将主筋接头

适当错开,连接应满足Ⅰ级接头的要求。钢筋挤压连接可先在地面上完成一端的压接,再在工作面上完成另一端的压接。

a)钻孔与植筋

b)安装导向轮

c)安装切割绳索

d)立柱切割

图 13-2-14　墩柱切割施工

②挤压时,套筒挤压机要对准钢模板表面的压痕标志,并使压接方向与钢模板轴线垂直。当钢筋纵肋过高影响插入时,允许进行打磨,但钢筋横肋严禁打磨。

③连接段主筋直径不应小于原桥墩主筋,箍筋间距应满足原结构设计要求。

（2）浇筑混凝土

①混凝土应一次性浇筑,可采用自密实微膨胀混凝土,断柱连接部位的混凝土浇筑应密实,接高段混凝土等级宜等于或高于原桥墩混凝土强度。

②可采取在接高段混凝土外侧设置钢模板等措施对接高区域的混凝土进行加固,如图 13-2-15 所示。

③墩柱的实测项目主要针对原桥断柱顶升进行规定,同时需检查顶升过程中墩柱等可能产生的损伤。

④解除纵横向限位措施。

a) 凿毛处理　　　　　　　　b) 钢筋连接

c) 钢筋绑扎　　　　　　　　d) 设置钢模板

图 13-2-15　墩柱接高施工

13.3 质量检验

13.3.1 实测项目

桥梁上部结构整体顶升的总体实测项目应符合表 13-3-1 的规定，断柱后浇筑段实测项目应符合表 13-3-2 的规定。垫石及支座安装实测项目参见本指南 11.4 节。

表 13-3-1　桥梁总体实测项目

项次	检测项目	规定值或允许偏差	检查方法和频率
1	桥面中心偏位(mm)	±20	全站仪或经纬仪：每 10m 检查 1 处
2	桥面横坡(%)	±0.15	水准仪：每跨检查 5~7 处
3	桥头高程衔接(mm)	±5	水准仪：在桥头搭板范围内顺延桥面纵坡，每米 1 个测点测量高程
4	墩柱或盖梁顶面高程(mm)	±10	水准仪：测量 3 处
5	混凝土垫石强度	满足设计要求	按回弹法检查

表13-3-2 墩柱实测项目(断柱式顶升)

项次	检测项目	规定值或允许偏差	检查方法和频率
1	断面尺寸(mm)	±10	尺量:检查3个断面
2	节段间错台(mm)	±5	尺量:每节检查4处
3	大面积平整度(mm)	±5	2m直尺:检查竖直、水平两个方向,每20m²测1处
4	混凝土保护层和钢筋间距	满足设计要求	—
5	墩柱垂直度或斜度(mm)	0.3%H(H为墩柱高度),且不大于20	经纬仪:测量2点

13.3.2 外观检查

(1)上部结构整体顶升的桥梁与相邻结构应连接顺适,无异常突变。

(2)断柱式顶升桥墩处新旧混凝土表面应连接平顺,无明显高差。

(3)支座垫石表面应平整、光洁,不应有裂纹等缺陷。

第14章 现场安全与环境保护

14.1 一般规定

(1) 现场施工开始前,应编制施工方案并针对风险较大的分部分项工程制定专项施工方案,必要时进行专家论证。

(2) 施工队伍进场前应审核安全生产条件及应急救援预案,确保企业施工资质、施工单位进场人员、车辆、机械设备、安全管理方案均满足施工要求,严禁不满足条件的作业队伍进场施工。

(3) 开工前,对分部分项工程进行审核,对施工作业人员进行安全技术交底和安全教育培训及风险告知。

(4) 特种作业人员和特种设备作业人员应持证上岗。

(5) 施工区域应设置警示标志,危险区域应设置警戒区。

(6) 季节性施工、夜间施工前,工程技术人员负责组织对作业人员逐级进行有针对性的安全教育和安全技术交底,同时应做好季节性施工专项检查工作。

(7) 生产班组每天作业前要进行班前安全教育。

14.2 现场安全

14.2.1 特殊季节施工

1) 雨季施工

雨季施工时,应满足以下要求:

(1) 雨季施工期间,对加固类胶凝材料应采取防水和防潮措施。

(2) 雨季施工采取防雷、防滑、防坍塌、防触电等措施。

(3) 下雨期间,要对现场的设备进行安全检查,做好防雨和防水遮蔽,避免因为设备进水导致的安全问题。

(4) 雨季前做好现场地面排水系统,确保雨季道路通畅,不淹不冲、不陷不滑。

(5) 现场临时设施的搭设,应有防雨、防漏措施,各种防洪器材、设备和工具必须齐备并按规定堆放和使用。

(6) 雷雨时不得在高压线、大树下停留和作业。

(7) 雨期来临前应组织专业电工对现场供电线路及电器设备进行全面检查,主要检查现场防雷装置的完好性及电气设备的接零、接地保护措施是否牢靠,漏电保护装置是否灵敏,电线绝缘接头是否良好等。

2)冬季及大雾天施工

冬季及大雾天气施工时,应满足以下要求:

(1)工地临时水管应埋入冻土层以下或用草袋等材料保温,水箱中的水在施工结束前应放尽。

(2)冬季施工在施工前应组织各现场负责人重点做好霜冻天气的防滑工作,对施工现场轨道、通道、脚手板、爬梯、跳板、操作平台、低洼易积水等重点部位,应及时采用竹笆片、草包等覆盖防滑,必要时安装防滑条;遇到雨、雪及冰冻天气,要及时清除冰霜、积雪。

(3)大雨、大雾或大雪天气能见度较低时,为保障员工安全应禁止野外作业。

(4)雪、雾及冰冻天气条件下施工应保证施工人员的热量供应;并准备充分的急救药品,制定可行的急救预案。

14.2.2 有限空间施工

有限空间施工时,应满足以下要求:

(1)有限空间作业前应对有限空间作业进行危险、有害因素识别,提出清除、控制危害的措施,并将作业现场可能存在的危险、有害因素和防控措施告知作业人员。

(2)有限空间作业前应先编制有限空间作业方案,再办理《有限空间作业审批表》,作业中涉及其他特殊作业时应按照其他特殊作业要求办理相关作业审批。

(3)作业前,应明确有限空间作业单位负责人、作业现场负责人、作业审批人、作业人、监护人及其安全职责,未经许可的人员不得进入有限空间。

(4)作业中要定时检测,发现情况异常立刻停止作业,并撤离人员,待作业空间经处理,取样分析合格后,方可继续作业。

(5)作业难度大、劳动强度大、时间长的有限空间作业应采取轮换人员方式作业,轮换时间按照行业规定执行。

(6)密闭空间内盛装或者残留的物料对作业存在危害时,作业人员应当对有限空间进行清洗、清空或置换,并进行防爆、缺氧和有毒气体的持续监测。

(7)涉及有限空间作业的所有工序在进入前及施工中需对有限空间进行强制通风,应向有限空间内输送清洁空气,禁止使用纯氧通风,作业环境存在爆炸危险的应使用防爆型通风设备。

(8)作业过程中在有限空间外应设有专人监护,作业期间,监护人员不得离岗,不得进入有限空间,并应掌握有限空间作业人员的人数和身份,对人员和工器具进行清点。监护人员应装备可靠的气体检测仪、通信设备、照明设备、防尘口罩、应急救援设备等,并且定期标定、维护。

(9)进入有限空间作业的人员,材料、工具都要进行登记,作业前后需要由作业监护人进行清点,谨防遗留在设备内。作业结束后,应检查有限空间内外,确认无问题后方可封闭有限空间。

14.2.3 模板、支架、脚手架施工

1) 模板施工

模板施工时,应满足以下要求:

(1) 模板安装、拆除过程中,应设定警戒区,并做好安全警示。

(2) 模板安装、拆除应按施工方案规定的方法、程序进行,必要时设置临时支撑防止倾覆。

(3) 模板拆除过程中不得硬撬,防止作业人员失稳坠落。

(4) 操作人员上下须走人员专用通道,严禁攀爬模板。

(5) 遇有6级以上大风和雾、雨、雪天时,应停止模板安装与拆除作业。在雨、雪后作业时应采取防滑措施,并及时扫除积雪。

2) 支架施工

支架施工时,应满足以下要求:

(1) 在支架搭设和拆除作业前,应根据工程特点编制专项施工方案,支架应构造合理、连接牢固、搭设与拆除方便、使用安全可靠,并满足承载力设计要求。当支架专项施工方案需要修改时,修改后的方案应经审批后实施。

(2) 支架不应发生影响正常使用的变形,附着或支撑在工程结构上的支架,不应使所附着的工程结构或支撑支架的工程结构受到损坏。支架使用过程中,不应改变其结构体系。

(3) 支架地基应平整坚实,满足承载力和变形要求,并设有排水措施,搭设场地不应积水。冬期施工应采取防冻胀措施,支架结构应按承载能力极限状态和正常使用极限状态进行设计。

(4) 支架构造措施应合理、齐全、完整,并应保证架体传力清晰、受力均匀,支立排架时,不得与便桥或支架相连,防止支架失稳。

(5) 构件组装类支架的搭设应自一端向另一端延伸,应自下而上按步逐层搭设,并应逐层改变搭设方向。

(6) 不得在架体上集中堆放施工用材料,应控制作业层上的施工荷载不超过设计值。

(7) 不得在支架基础影响范围内进行挖掘作业。

(8) 严禁在支架作业平台上打闹戏耍、退着行走和跨坐在外护栏上休息,避免身体失衡。

(9) 保持支架工作区域内整洁卫生,物料码放整齐有序,通道畅通。

(10) 在支架上进行电气焊作业时,应采取有效的防火措施并有专人监护,同时要铺铁皮接火星或移去易燃物,以免火星引燃易燃物。

(11) 支架受荷过程中,应按照对称、分层、分级的原则进行,不应集中堆载、卸载,并应派专人在安全区域内监测支架的工作状态。

(12) 支架使用期间,不得擅自拆改架体结构杆件或在架体上增设其他设施。

(13) 严禁随意拆除基本结构杆件和连墙件,当因作业的需要必须拆除某些杆件和连墙件时,应取得技术人员的同意,并采取可靠的补救加固措施。

（14）严禁随意拆除安全防护措施，未有设置或设置不符合要求时，应予补设或改善后才能上架进行作业。

（15）架体拆除应按自上而下的顺序按步逐层进行，不应上下同时作业。同层杆件和构配件应按先外后内的顺序拆除；剪刀撑、斜撑杆等加固杆件应在拆卸至该部位杆件时拆除。

（16）作业支架连墙件应随架体逐层、同步拆除，不应先将连墙件整层或数层拆除后再拆架体。作业支架分段拆除时，应先对未拆除部分采取加固处理措施后再进行架体拆除。

（17）架体拆除作业应统一组织，并应设专人指挥，不得交叉作业。严禁高空抛掷拆除后的支架材料与构配件。

（18）监理人员、施工技术人员、安全员应对搭设、预压、混凝土浇筑、拆除进行全过程旁站、监督检查。

3）脚手架施工

脚手架施工时，应满足以下要求：

（1）在脚手架在安装过程中，须设置防倾覆的临时固定设施，如抛地撑、缆风绳、连墙件等。连墙件应靠近主节点设置，位置、数量应按施工方案确定。连墙件的安装应随脚手架搭设同步进行，不得滞后安装。

（2）人行兼作材料运料的斜道应附着外脚手架或结构物设置，运料斜道宽度不应小于1.5m，人行斜道宽度不应小于1.0m，斜道坡度不应大于1∶3。高度在6.0m以下时，可采用"一"字形斜道；高度在6.0m以上时，应采用"之"字形斜道。斜道两侧及平台外围均应设置栏杆及挡脚板，斜道应采取防滑措施。

（3）作业层的工作平台应满足承载力及工人操作要求，宽度不小于1.0m，满铺脚手板，设置防护栏杆、挡脚板、阻燃型密目式安全网。平台高度超过2.0m时，应设兜底水平安全网，或在其下一步脚手架上满铺脚手板防护层。工作平台不得集中堆放物料。

（4）严禁将模板支架、缆风绳、泵送混凝土和砂浆的输送管等固定在架体上。严禁擅自拆除或移动架体杆件、连接件及安全防护设施。

（5）脚手架单独设置时，高度在10.0～15.0m应设置一组（4～6根）缆风绳，每增高10m应再加设一组。缆风绳与地面夹角为45°～60°，缆风绳的地锚应设围栏。

14.2.4 高空作业

高空作业时，应满足以下要求：

（1）从事高空作业的施工人员必须按照国家有关法律法规的规定接受专门的安全培训，经考核合格，取得特种作业操作证书，并落实各项安全防护措施后方可上岗。

（2）防护用品要穿戴整齐，裤脚要扎紧，戴好安全帽，严禁穿拖鞋，不准穿光滑的硬底鞋。要使用强度足够的五点式安全带，并应将安全带的绳子牢系在坚固的建筑结构件上或金属结构架上，不准系在活动物件上，在安全带无附着点时应设置安全绳。

（3）高空作业时，需安装防护栏和安全网等防护措施，并检查所用的登高工具和安全用具(如安全帽、安全带、安全网),安全工具应在有效保证期内,并符合相关国家或行业标准规定。

(4)高空作业所用的工具、零件、材料等必须装入工具袋。上下攀爬时手中不得拿物件,必须从指定的路线上下,不得在高空投掷材料或工具等物,不得将易滚易滑的工具、材料堆放在支架上。工作完毕应及时将工具、零星材料、零部件等一切易坠落物件清理干净,以防坠落伤人;上下运送大型零部件时,应采用可靠的起吊机具。

(5)遇有五级以上风(含五级风)、浓雾等恶劣天气,不应进行高处作业、露天攀登与悬空高处作业。

(6)高空作业的安全防护设施必须设置到位,安全警示标志设置齐全,任何人都不得毁坏或擅自对安全设施、标志标牌移位和拆除。

(7)雨天、雪天进行高处作业时,须采取可靠的防滑、防寒和防冻措施,及时清除水、冰、雪、霜。

(8)暴风雨后,应对高处作业的安全设施逐一加以检查,发现有松动、变形、损坏或脱落等现象,应及时修复。

(9)发现高空作业的安全技术设施有缺陷和隐患时,应及时解决;当危及人身安全时,应立即停止作业。

(10)施工场所有可能坠落的物件,应先行撤除或加以固定。高处作业中所用的物料均应堆放平稳,不应妨碍通行和装卸,工具应随手放入工具袋。作业中的走道、通道板和登高用具应随时清扫干净。拆卸下的物件、余料及废料应及时清理运走,不应随意乱置或向下丢弃,传递物件禁止抛掷。

(11)悬空作业处应有牢靠的立足处,根据实际情况,配置防护栏杆、防护网或其他安全设施。悬空作业所用的索具、脚手板、吊篮、吊笼、平台等设备,应保证安全可靠。

(12)使用登高作业车进行高空作业时,作业人员应严格遵守高空作业车的安全操作规程。

14.2.5 水下施工

水下施工时,应满足以下要求:

(1)项目开工前施工单位应将潜水员的有效作业资格证书、所属单位的营业执照等证件呈交项目部审核,经批准后,方能进行水下作业。

(2)水下作业前必须对所有的水下作业工具和安全防护设施用品进行全面检查,待检查合格后方可进行施工作业。

(3)所有水下作业人员必须到项目部接受入场前安全教育和培训,经培训合格后方可进行水下作业。

(4)水下作业前应熟悉水下作业地所处环境、水质地质、气象、航道交通状况,采取相应的防护措施后方可进行作业。

(5)施工船舶应按规定配备通信、消防、救生、堵漏设备,其梯口应急场所等应设有醒目的安全警示标志。

(6)水下作业前应得到批准方可作业,潜水员身体出现异常情况严禁进行水下作业。必须在有专职安全员、作业队队长、班组长等人员旁站的情况下才可进行施工作业。

(7)水下作业时必须保证有两名(或两名以上)持证专职潜水员一起进行水下施工作业,其中一名专职潜水员负责意外情况下的救援。潜水员水下作业时身上需系绑一根绳子,以便另一名潜水员能够掌握水下作业潜水员的所在位置,方便紧急情况下能够将其拉出水面,为应急救援提供宝贵时间。

(8)施工船舶应配备有效的通信设备并在指定的频道上收听,主动与过往船舶联系沟通,确保航行和施工安全。

(9)潜水作业时,工作船应悬挂信号旗。夜间作业悬挂潜水信号灯,并有足够照度的照明。

(10)潜水员使用水下电气设备、装备和水下设施时,应符合现行国家标准的相关规定。潜水作业现场应备有急救箱及相应的急救器具。

(11)施工作业现场必须配备足够数量的救生衣和救生圈等救生器材以及通信工具,确保意外情况下的应急救援工作的开展。

14.2.6 预应力张拉

预应力张拉时,应满足以下要求:

(1)高压油泵与千斤顶之间的连接点各接口必须完好无损,螺母应拧紧。油泵操作人员需穿戴好劳动防护服、防护鞋,并正确佩戴安全帽及防护眼镜。

(2)张拉作业区应设置警告标识,无关人员,严禁入内。

(3)张拉台座后侧应设置挡板,以保护张拉人员和其他人员的安全。

(4)操作人员站立位置应安全,有回旋余地;高处作业应系好安全带,设置好平台防护栏、挂好安全网。

(5)张拉前应检查张拉设备工具(如千斤顶、油泵、压力表、油管及液控顶压阀等)是否符合施工安全的要求,压力表应按规定周期进行检查标定。

(6)张拉前,操作人员要确定联络信号。张拉两端应设置便捷的通信设备。

(7)张拉时,构件两端及千斤顶后方不得站人,操作人员应站在张拉设备的侧面,两端设置防护栏(罩)高压油泵放在离构件端部左右侧,不得在有压力的情况下旋转张拉工具的紧固螺栓或油管接头。

(8)张拉时如遇临时停电,要立即拉闸断电,以防突然来电发生危险。

(9)操作人员应注意保持千斤顶的水平状态,待受力后方可松开,以防止受力时千斤顶偏侧滑丝。

(10)施工现场应对已完成张拉的预应力筋加以保护,不得在上面堆放物件和抛物撞击。

(11)严禁用电弧切割锚头外多余的钢丝、钢绞线或应力钢筋,以免降低强度而发生意外。

14.2.7 施工临时用电

现场临时用电应符合下列规定：

(1)施工现场应做好用电管理,电器开关必须设防雨棚,配漏电保护器。维护、保养和检修用电设备时必须断电作业。

(2)经常检查临时用电的绝缘装置,电缆线,接零、接地等。若发现电缆线破坏,未接零、接地,绝缘装置失效,电路架设不规范等现象应立即进行处理。

(3)安装、巡检、维修、移动或拆除临时用电设备和线路,必须由专职电工完成。电工必须通过国家现行标准考核,合格后持证上岗工作。

(4)使用电气设备前必须按规定穿戴和配备好相应的劳动防护用品,并检查电气装置和保护设施,严禁设备带病运转。

(5)暂时停用设备的开关箱必须切断电源隔离开关,并应关门上锁。

(6)动力配电箱与照明配电箱宜分别设置。如必须合置在同一配电箱内,动力和照明线路应分路设置,照明线路接线宜接在动力开关的上侧。

(7)配电箱应设在干燥通风的场所,其周围不得堆放任何妨碍操作、维修的物品,并与被控制的固定设备距离不得超过3m。安装和使用按"一机、一闸、一箱、一漏"的原则,严禁一个配电箱同时控制两台或两台以上的设备,以免发生误操作事故。

(8)分配电箱应装设在用电设备或负荷相对集中的地区。分配电箱与开关箱的距离不得超过30m,开关箱与其控制的固定式用电设备水平距离不宜超过3m。

(9)配电箱、开关箱安装要端正、牢固,移动式的箱体应装设在坚固的支架上。固定式配电箱、开关箱的下表面与地面的垂直距离应为1.3~1.5m。移动式分配电箱、开关箱的下表面与地面的垂直距离为0.6~1.5m。配电箱、开关箱采用铁板或优质绝缘材料制作,铁板的厚度应大于1.5mm。

(10)配电箱、开关箱中导线的进线口和出线口应设置在箱体底面,不得设置在箱体的顶面、侧面、后面或箱门处。

(11)可燃材料库房不应使用高热灯具,易燃易爆危险品库房内应使用防爆灯具。

(12)对新调入工地的电气设备,在安装使用前,必须进行检测测试,经检测合格后方可投入使用。

(13)使用移动电气工具或混凝土振捣作业时,必须按规定穿戴绝缘防护用品。

14.2.8 电动机具使用

电动机具的使用应符合以下要求：

(1)选购的电动建筑机械、手持式电动工具应符合相应的现行标准规定,且具有产品合格证和使用说明书。

(2)机电设备的电闸箱要采取防雨、防潮等措施,并应安装接地保护装置。大型设备的接地装置要进行全面检查,应符合规程要求,并能进行遥测。

(3)混凝土搅拌机、插入式振动器、平板振动器、地面抹光机、水磨石机、钢筋加工机械,木工机械负荷线必须采用耐气候型橡皮护套铜心软电缆,并不得有任何破损和接头。

(4) 水泵的负荷线必须采用防水橡皮护套铜芯软电缆,严禁有破损和接头,不得承受任何外力。

(5) 对混凝土搅拌机、钢筋加工机械、木工机械进行清理、检查、维修时,必须首先将其开关箱分闸断电,呈现可见电源分断点,并关门上锁。

(6) 使用切割机时,应对电源闸刀开关、锯片的松紧度、锯片护罩或安全挡板进行详细检查,操作台必须稳固。当停电、休息或离开工作地时,应立即切断电源。

(7) 角磨机启动后应空载运转,验证空转无振动,检查并确认机具联动灵活无阻。作业时,应加力平稳,不得用力过猛。

(8) 角磨机严禁超载使用。作业中应注意角磨机的响声及温升,发现异常应立即停机检查。如作业时间过长、机具温升超过60℃时,应停机,自然冷却后再进行作业。

(9) 角磨机换砂轮片时,必须拔掉电源插头,要使用专用的扳手;机具转动时,不得无人看管。

(10) 多台电焊机集中使用时,应分接在三相电源网络上,使三相负载平衡。多台电焊机的接地装置应分别在接地处引接,不得串联。

(11) 电焊机外壳,必须有良好的接零或接地保护,其电源的装拆应由电工进行。电焊机的一次绕组与二次绕组之间,绕组与铁芯之间,绕组、引线与外壳之间,绝缘电阻均不得低于 0.5MΩ。

(12) 电焊机应放置在防雨、干燥、通风良好的地方。焊接现场不准堆放易燃、易爆物品。

(13) 交流弧焊机变压器的次侧电源线长度不应大于5m,其电源进线处必须设置防护罩。发电机式直流电焊机的换向器应经常检查和维护,应消除可能产生的异常电火花。

(14) 电焊机的二次线应采用防水橡皮护套铜芯软电缆,电缆长度不应大于30m,不得采用金属构件或结构钢筋代替二次线的地线。

(15) 使用电焊机焊接时必须穿戴防护服、防护鞋,严禁露天冒雨从事电焊作业。

14.2.9 消防安全

现场消防安全应符合以下要求:

(1) 临时设施的布置应满足现场防火、灭火及人员安全疏散的要求。

(2) 施工现场应设置灭火器、临时消防给水系统、应急照明等临时消防设施。

(3) 施工现场出入口的设置应满足消防车通行的要求,并宜布置在不同方向,其数量不宜少于2个。当确有困难只能设置1个出入口时,应在施工现场内设置满足消防车通行的环形道路。

(4) 易燃易爆危险品库房应远离明火作业区、人员密集区和建筑物相对集中区。

(5) 氧气瓶导管、软管、瓶阀等不得与油脂、沾油物品接触,氧气检查压力表不能破损。乙炔瓶不能有破损修饰,氧气瓶和乙炔瓶应分开放置,两瓶之间工作间距不小于5m,两瓶与明火作业距离不小于10m,并不得倾倒和受热。

(6)电气设备不应超负荷运行或带故障使用,电气线路应具有良好的绝缘性能和机械强度。

(7)普通灯具与易燃物距离不宜小于 0.3m,碘钨灯等高热灯具与易燃物距离不宜小于 0.5m。

(8)灭火器应设置在位置明显、便于取用的地点,手提式灭火器最大保护水平距离不得大于 20m,推车式灭火器最大保护水平距离不得大于 12m。

(9)灭火器不得设置在超出其使用温度范围的地点,不宜设置在潮湿或腐蚀性强的地点。灭火器设置在室外时,应采取相应的保护措施。

(10)可燃材料存放地点、加工场所,以及易燃易爆危险品库房,不应布置在架空电力线下。

(11)易燃易爆危险品库房与在建工程的防火间距不应小于 15m;可燃材料堆场及其加工场、固定动火作业场与在建工程的防火间距不应小于 10m;其他临时用房、临时设施与在建工程的防火间距不应小于 6m。

(12)焊接现场不得有易燃、易爆物品。

(13)焊、割存放过可燃溶液的容器或设备,在处于危险状态时,不得进行焊割。必须在采取安全清洗措施后,方准进行焊割。

(14)焊割作业不准与刷漆、喷漆、木工等易燃作业同部位、同时间上下交叉作业。

(15)五级及以上风力时,应停止焊接、切割等作业。确因工程需要时,应采取可靠的挡风措施。

(16)施工场所设置在地面上的临时疏散通道,其净宽度不应小于 1.5m。设置在脚手架上的临时疏散通道,其净宽度不应小于 0.6m。

(17)疏散通道应设置明显的疏散指示标识和照明设施。应在作业层的醒目位置设置安全疏散示意图。

(18)室外附着在建筑物上的消防标志牌,其中心点距地面的高度不应小于 1.3m。室外用标志杆固定的标志牌下边缘距地面高度应大于 1.2m。

(19)疏散标志牌应用不燃材料制作,其他标志牌应符合防火要求。

14.3 环境保护

14.3.1 扬尘

桥梁加固施工应减小大气粉尘对周围环境的影响,施工期间应采取以下措施:

(1)施工阶段,要定时对道路材料周转区进行淋水降尘,控制粉尘污染。

(2)施工现场的建筑材料、构件、料具应按总平面布置图进行码放。在规定区域内的施工现场应使用预拌混凝土及预拌砂浆。采用现场搅拌混凝土或砂浆的场所应采取封闭、降尘、降噪措施。水泥和其他易飞扬的细颗粒建筑材料应密闭存放或采取覆盖等措施。

(3)施工现场土方作业应采取防扬尘措施,主要道路应定期清扫、洒水。施工进行铣刨、切割等作业时,应采取有效的防扬尘措施。

(4)施工现场的主要道路及材料加工区地面应进行硬化处理,道路应畅通,路面要平整坚实。裸露的场地和堆放的土方应采取覆盖、固化或绿化等措施。施工现场出入口应设置车辆冲洗设施,并应对驶出车辆进行清洗。

(5)根据《中华人民共和国大气污染防治法》,地方各级人民政府应当加强对建设施工和运输的管理,保持道路清洁,控制料堆和渣土堆放,扩大绿地、水面、湿地和地面铺装面积,防治扬尘污染。住房城乡建设、市容环境卫生、交通运输、国土资源等有关部门,应当根据本级人民政府确定的职责,做好扬尘污染防治工作。

14.3.2 噪声

桥梁加固施工应减少噪声对环境的影响,施工期间应采取以下措施:

(1)现场混凝土振捣采用低噪声混凝土振捣棒。振捣混凝土时,不得振捣钢筋和模板,并做到快插慢拔。

(2)严格控制强噪声作业,对混凝土输送泵、电锯等强噪声设备,采用隔音棚或隔音罩进行降噪遮挡和封闭。

(3)使用电锯切割时,应及时在锯片上刷油,且锯片转速不能过快。使用电锤打洞、凿眼时,应使用合格的电锤,及时在钻头上注油或加水。

(4)加强环保意识的宣传,采用有力措施控制人为的施工噪声,严格管理并最大限度地降低噪声。

(5)根据《中华人民共和国环境噪声污染防治法》第三十条,在城市市区噪声敏感建筑物集中区域内,禁止夜间进行产生环境噪声污染的施工作业,但抢修、抢险作业和因生产工艺要求或者特殊需要必须连续作业的除外。因特殊需要必须连续作业的,必须有县级以上人民政府或者其有关主管部门的证明。

14.3.3 污水排放

桥梁加固施工应减小污水排放对环境的影响,施工期间应采取以下措施:

(1)在施工前设置污水收集系统,将污水从施工现场收集起来,防止其直接排放到周围环境中,包括设置排水沟、挖掘临时排水沟或者设置临时排水管道等的排放。

(2)施工现场所用的清洁水,在合理利用后经导向管排放。

(3)污水排放需要通过合适的管道和设施进行,确保不会对周围环境造成污染。

(4)施工工地的生产废水应根据产生区域、水质特性,在同类产生单元、水质特性相近区域就近设置集水池,对生产废水进行分质分类收集。

(5)经过处理的污水需要符合当地的排放标准和规定,确保排放的污水不会对周围环境造成污染。在进行排放前,需要对处理后的污水进行监测和检测,确保其符合相关标准要求。

(6)现场交通道路和材料堆放场地要统一规划排水沟,控制污水流向,设置沉淀池,将污水经沉淀达标准后再排放。严防将施工污水直接排放或流出施工区域污染环境。

(7)根据施工进度和污水产生情况,将污水处理过程分阶段进行。

(8)根据《中华人民共和国水污染防治法》,企业事业单位和其他生产经营者应当取得排污许可证后,方可直接或者间接向水体排放工业废水和医疗污水及其他受管控的废水或污水。

14.3.4 物料存放

桥梁加固施工应注意对物料存放的管理,施工期间应采取以下措施:

(1)物料存放必须根据用量大小、使用时间长短、供应和运输等情况确定。用量大、使用时间长、供应运输方便的物料,应当分期分批进场。物料发放、取用时遵循"先入先出"的原则,以防物料囤积、变质。

(2)物料存放必须统一布置场地、库房,按施工现场总平面布置图存放。不同物料必须按照物理、化学属性和用途、使用部位的不同分类存放,并悬挂标志牌。标志牌应统一制作,标明名称、品种、规格数量以及检验状态等。

(3)物料必须做到安全、正确存放,不得超高,且应便于盘点和取用。

(4)项目物资管理部门应建立物料收发管理制度,并建立管理台账。

(5)砂石料应分类堆放于分隔式料仓内,堆料不超过隔墙高度,并挂牌标识。现场临时堆放砂石料时,应归堆整齐、无厚大底脚,并采取防雨水、防扬尘等措施。

(6)钢筋应堆放在指定地点,分规格、品种堆放整齐,分层堆放(一般不超过三层)并挂牌标识。现场使用后多余钢筋应及时清理归堆,主体结束后应及时清理场地。钢筋原材、半成品、成品应分开整齐堆放,并挂牌标识。钢筋焊接场地不得存放易燃易爆物品,并配置灭火器材。

(7)散装水泥必须分类存放在稳固、密封的水泥罐中。袋装水泥应整齐码放于库房内,挂牌标识。库房应及时清理,并采取措施保持库房内干燥。

(8)各种气瓶必须存放在气瓶房内,气瓶房要置于偏僻地点,有专人管理,不得露天暴晒,远离明火。各种气瓶应有明显色标和防振圈。

(9)有毒材料应有专门库房存放,有专人保管并设置明显标志;材料使用、移放应专人管理;需要通风的有毒材料库房必须设置在生活办公区的下风口地带。

14.3.5 废弃物管理

桥梁加固施工应加强对废弃物的管理,施工期间应采取以下措施:

(1)施工现场设专门的废弃物临时储存场地,废弃物应分类存放,对有可能造成二次污染的废弃物必须单独储存、设置安全防范措施且有醒目标志。

(2)废弃物的运输确保不散撒、混放,送到政府部门批准的单位或场所进行处理。

(3)对可回收的废弃物做到再回收利用。

(4)施工现场应规范建筑垃圾的产生、收集、储存、运输、利用、处置行为,推进建筑垃圾综合利用,加强建筑垃圾处置设施及场所建设,保障处置安全,防止污染环境。

(5)收集、储存危险品,应当按照危险废物特性分类进行。禁止混合收集、储存、运输、处置性质不相容而未经安全性处置的危险废物。储存危险废物应当采取符合国家环境保护标准的防护措施。禁止将危险废物混入非危险废物中储存。

（6）需要将产生的废弃物进行分类，区分出可回收和不可回收的废弃物。可回收的废弃物应当进行分离和储存，以便后续的再利用或者专门的处理。对于不可回收的废弃物，需要采取安全储存的措施，包括使用密封容器、标识清晰、存放在专门的储存区域等措施，以防止其对环境和人员造成危害。

（7）根据《中华人民共和国固体废物污染环境防治法》，工程施工单位应当编制建筑垃圾处理方案，采取防治污染措施，并报县级以上地方人民政府环境卫生主管部门备案。工程施工单位应当及时清运工程施工过程中产生的建筑垃圾等固体废弃物，并按照环境卫生主管部门的规定进行利用或者处置。工程施工单位不得擅自倾倒、抛撒或者堆放工程施工过程中产生的建筑垃圾。

14.4 涉路作业

14.4.1 涉路作业基本要求

（1）占用行车道作业应设置防撞缓冲车，仅占用应急车道作业和多次过渡的养护作业区宜根据实际情况设置防撞缓冲车。防撞缓冲车尾部应设有可变箭头信号等电子警示标志。

（2）养护作业区安全设施布设顺序应从警告区开始向终止区推进，确保已摆放的安全设施清晰可见；作业区安全设施撤除顺序应与布设顺序相反。

（3）需要在内外两侧布设警告区时，应按照先外侧后内侧的顺序布设（撤除顺序相反）。同一桩号内外两侧严禁同时作业。

（4）养护作业区布设前，养护作业车、防撞缓冲车及随行人员做好以下准备工作：

①学习交通组织方案，熟悉安全设施设置的具体要求，接受安全技术交底。

②养护作业人员、交通引导人员按规定穿着反光服、佩戴安全帽，交通引导人员配备信号旗。

③对养护作业车、防撞缓冲车进行检查，确保车辆性能和可变箭头信号、警灯警报、双闪灯等警示装置完好并开启。

④通报作业路段调度中心，作业区上游临近可变信息标志等及时发布养护作业信息。

（5）养护作业区布设和撤除过程中，养护作业车、防撞缓冲车及随行人员的操作要求：

①现场人员在非行车区域内活动。

②防撞缓冲车停驻距离参照厂方说明设置。若厂方未作说明，防撞缓冲车宜停驻在作业区域上游约 50m 处。移动作业时宜保持在作业区域上游约 70m 处。

③防撞缓冲车停驻位置不应遮挡交通标志牌，防撞缓冲车停驻后，前车轮与行车方向保持一定的角度。

④倒车时，驾驶员开启警示灯光、倒车喇叭等警示设备，观察车后人员及过往车辆。

⑤上下车时,交通引导人员下车后养护作业人员再下车,养护作业人员上车后交通引导人员再上车。

⑥人员上下车及传递(或接拿)安全设施宜在远离行车区域一侧进行。

⑦摆放和撤除安全设施前,交通引导人员面向来车方向,站在养护作业车上游(有防撞缓冲车时,站在防撞缓冲车下游,且靠近养护作业车),挥旗引导过往车辆。

⑧摆放和撤除安全设施时,交通引导人员进行现场巡逻,发现险情立即向远离行车区域一侧避险,并提醒其他员工。

(6)高速公路涉路作业可参考江苏交通控股现行《高速公路养护作业区布设和撤除操作规程》(Q/JSJK YH 26001)的相关规定。

14.4.2 外侧占用行车道养护作业区

外侧占用行车道养护作业区布撤时,应按以下流程作业:

1)布设流程

(1)养护作业车、防撞缓冲车驶入应急车道,养护作业车在警告区第一块标志牌布设位置处停稳,防撞缓冲车及时开启防撞垫。

(2)交通引导人员下车,站在防撞缓冲车下游,挥旗引导过往车辆;养护作业人员下车完成警告区第一块标志牌的布设。

(3)所有人员上车后,养护作业车、防撞缓冲车在应急车道上行驶,在下一块标志牌位置停稳。重复以上步骤,完成警告区所有安全设施的布设。

(4)养护作业车、防撞缓冲车行驶至上游过渡区第一个交通锥布设位置。交通引导人员下车,站在防撞缓冲车下游,挥旗引导过往车辆。养护作业人员下车完成上游过渡区交通锥的布设。

(5)养护作业人员临时移开部分交通锥,待所有人员和车辆进入上游过渡区后再将其复位,完成上游过渡区所有安全设施的布设。

(6)交通引导员始终保持站在防撞缓冲车下游,挥旗引导过往车辆;与养护作业人员以及养护作业车、防撞缓冲车驾驶员协调配合,依次完成缓冲区、工作区、下游过渡区、终止区所有安全设施的布设。

(7)布设结束后,根据现场安全防护需要,防缓冲车移动至相应位置。

2)撤除流程

(1)作业前,与撤除作业无关的车辆及人员全部撤离现场。

(2)防撞缓冲车行驶至下游过渡区。

(3)交通引导员始终保持站在防撞缓冲车下游,挥旗引导过往车辆,与养护作业人员,以及养护作业车、防撞缓冲车驾驶员协调配合,依次完成终止区、下游过渡区、工作区、缓冲区所有安全设施的撤除。临时移开部分交通锥,待防撞缓冲车驶出交通锥范围并停稳后,其余车辆驾驶员和作业人员协调配合,完成上游过渡区所有安全设施的撤除。

(4)驾驶员将养护作业车、防撞缓冲车择机驶入应急车道,防撞缓冲车收回防撞垫。

将养护作业车、防撞缓冲车择机变道,安全驶离现场。

(5)养护作业车、防撞缓冲车在作业区前方最近的互通式立交处绕行返回,行驶至警告区第一块标志牌位置,防撞缓冲车及时开启防撞垫。

(6)交通引导人员下车,站在防撞缓冲车下游,挥旗引导过往车辆。养护作业人员下车完成警告区第一块标志牌的撤除。

(7)所有人员上车后,养护作业车、防撞缓冲车行驶至下一块标志牌位置。重复以上步骤,完成警告区所有安全设施的撤除。

(8)撤除结束后,所有人员上车。防撞缓冲车收回防撞垫,驾驶员将养护作业车、防撞缓冲车择机变道,安全驶离现场。

14.4.3 内侧车道养护作业区

内侧占用行车道养护作业区布撤时,应按以下流程作业:

1)布设流程

(1)养护作业车、防撞缓冲车在警告区上游约2km处驶入应急车道,防撞缓冲车开启防撞垫。

(2)驾驶员将养护作业车、防撞缓冲车择机变道,驶入第一车道,在警告区第一块标志牌布设位置处停稳。

(3)交通引导人员下车,站在防撞缓冲车下游,挥旗引导过往车辆,养护作业人员下车完成警告区第一块标志牌的布设。

(4)所有人员上车后,养护作业车、防撞缓冲车行驶至下一块标志牌位置停稳。重复以上步骤,完成警告区所有安全设施的布设。

(5)养护作业车、防撞缓冲车行驶至上游过渡区第一个交通锥布设位置。交通引导人员下车,站在防撞缓冲车下游,挥旗引导过往车辆。养护作业人员下车完成上游过渡区交通锥的布设。

(6)养护作业人员临时移开部分交通锥,待所有人员和车辆进入上游过渡区后再将其复位,完成上游过渡区所有安全设施的布设。

(7)交通引导员始终保持在防撞缓冲车下游,挥旗引导过往车辆;与养护作业人员、养护作业车、防撞缓冲车驾驶员协调配合,依次完成缓冲区、工作区、下游过渡区、终止区所有安全设施的布设。

(8)布设结束后,根据现场安全防护需要,将防撞缓冲车行驶至相应位置。

2)撤除流程

(1)作业前,与撤除作业无关的车辆及人员全部撤离现场。

(2)防撞缓冲车行驶至下游过渡区。

(3)交通引导员始终保持在防撞缓冲车下游,挥旗引导过往车辆;与养护作业人员、养护作业车、防撞缓冲车驾驶员协调配合,依次完成终止区、下游过渡区、工作区、缓冲区所有安全设施的撤除。临时移开部分交通锥,待防撞缓冲车驶出交通锥范围并停稳后,其余车辆和人员协调配合,完成上游过渡区所有安全设施的撤除。

(4)驾驶员将养护作业车、防撞缓冲车择机驶入应急车道,防撞缓冲车收回防撞垫。将养护作业车、防撞缓冲车择机变道,安全驶离现场。

(5)养护作业车、防撞缓冲车在作业区前方最近的互通式立交处绕行返回,在警告区上游约2km处驶入应急车道,防撞缓冲车开启防撞垫。

(6)驾驶员将养护作业车、防撞缓冲车择机变道,驶入第一车道,在警告区第一块标志牌位置停稳。

(7)交通引导人员下车,站在防撞缓冲车下游,挥旗引导过往车辆;养护作业人员下车完成警告区第一块标志牌的撤除。

(8)所有人员上车后,养护作业车、防撞缓冲车行驶至下一块标志牌位置。重复以上步骤,完成警告区所有安全设施的撤除。

(9)撤除结束后,所有人员上车。驾驶员将养护作业车、防撞缓冲车择机驶入应急车道并收回防撞垫,随后择机变道,安全驶离现场。

14.4.4 仅占用应急车道养护作业区

仅占用应急车道养护作业区布撤时,应按以下流程作业:

1)布设流程

(1)养护作业车行驶至警告区第一块标志牌布设位置。

(2)交通引导人员下车,站在养护作业车上游靠护栏位置,挥旗引导过往车辆;养护作业人员下车完成警告区第一块标志牌的布设。

(3)所有人员上车后,养护作业车行驶至下一块标志牌位置停稳。重复以上步骤,依次完成警告区所有安全设施的布设。

(4)交通引导员始终保持在养护作业车上游,挥旗引导过往车辆,与养护作业人员、养护作业车协调配合,依次完成上游过渡区、缓冲区、工作区、下游过渡区、终止区所有安全设施的布设。

2)撤除流程

(1)作业前,与撤除作业无关的车辆及人员全部撤离现场。

(2)交通引导员始终保持在养护作业车上游,挥旗引导过往车辆,与养护作业人员、养护作业车驾驶员协调配合,依次完成终止区、下游过渡区、工作区、缓冲区、上游过渡区所有安全设施的撤除。

(3)所有人员上车后,养护作业车择机变道,安全驶离现场。

(4)养护作业车在作业区前方最近的互通式立交处绕行返回,行驶至警告区第一块标志牌布设位置。

(5)交通引导人员下车,站在养护作业车上游靠护栏位置,挥旗引导过往车辆。养护作业人员下车完成警告区第一块标志牌的撤除。

(6)所有人员上车后,养护作业车行驶至下一块标志牌布设位置。重复以上步骤,完成警告区所有安全设施的撤除。

(7)撤除结束后,所有人员上车。养护作业车择机驶入行车道,安全驶离现场。

(8）配备防撞缓冲车情况下，按照本指南 14.4.2 节中 2）执行。

14.4.5　其他特殊形态养护作业区

其他特殊形态养护作业区布撤时，应按以下流程作业：

1）借用对向车道通行的养护作业区

（1）因特殊情况需对高速公路进行借道养护作业时，应报交通执法部门和交警部门审批后执行。

（2）借道养护作业应在交警部门指挥下实施。

（3）作业区布设按照以下顺序进行：

①布设对向车道安全防护设施，参照本指南 14.4.3 节中 1）和 14.2.2 节中 1）执行。

②沿作业车道侧内侧路缘带完成借道路段进出口活动护栏处交通锥布设后，拆除中央分隔带活动护栏。

③布设作业车道安全防护设施，参照本指南 14.4.2 节中 1）和 14.2.3 节中 1）执行，保留第一车道通行。

④在交警部门指挥下暂时中断作业车道交通流，封闭第一车道，完成作业车道剩余部分安全设施布设。

⑤撤除借道路段进出口活动护栏路缘带处交通锥，清空借用车道内的车辆和人员。

⑥在交警部门指挥下开放作业车道侧交通流。

（4）各类安全防护设施数量宜根据实际的天气、路况环境酌情增加，对向车道双向过渡区和部分缓冲区根据实际情况宜采用带有链接的车道渠化设施。

（5）在借道开始和结束的转弯位置，宜根据中分带开口长度设置合理的限速值。

（6）宜增设防撞缓冲车，为临近中央分隔带的上游过渡区提供保护。

（7）作业区撤除按照以下顺序进行：

①在交警部门指挥下暂时中断作业车道侧交通流，清空借用车道内非作业车辆，沿作业车道侧内侧路缘带完成借道路段进出口活动护栏处交通锥布设。

②撤除作业车道侧第一车道安全设施，将作业区恢复成外侧作业区形态，在交警部门指挥下开放作业车道侧交通流。

③撤除作业车道其他安全防护设施，参照本指南 14.4.2 节中 2）和 14.4.3 节中 2）执行。

④恢复中央分隔带活动护栏后撤除对向车道安全防护设施，参照本指南 14.4.3 节中 2）和 14.4.2 节中 2）执行。

2）立交出口匝道附近的养护作业区

（1）减速车道的相邻车道安全防护设施布设参照 14.4.2 节中 1）和 14.2.3 节中 1）执行。

（2）上游过渡区两侧交通锥同步布设。防撞缓冲车布设于缓冲区内，设置出口指向标志。

（3）安全防护设施撤除参照本指南 14.4.2 节中 2）和 14.4.3 节中 2）执行。

3）全封闭分流养护保护区

（1）因特殊情况需对高速公路进行全封闭养护作业时，应报交通执法部门和交警部门审批后执行。

（2）全封闭分流作业应在交警部门指挥下实施。

（3）根据道路实际情况合理增设防撞缓冲车。

（4）安全防护设施布设参照本指南14.4.3节中1）和14.2.2节中1）执行；撤除参照14.4.3节中2）和14.4.2节中的2）执行。

附录 A 维修与加固用胶粘剂

A.1 灌缝胶

1）用途

灌缝胶广泛应用于混凝土桥梁、房屋、路面等工程的裂缝注胶修补；混凝土内部蜂窝、疏松等缺陷的补强注胶修补；玻璃钢防腐、结构表面涂层防腐施工。

2）性能要求

灌缝胶的性能指标应符合表 A-1-1 的要求。

表 A-1-1 灌缝胶的性能指标

	检验项目	检验条件	合格指标
胶体性能	抗拉强度（MPa）	浇筑完毕养护 7d，到期立即在 $(23±2)$℃、$(50±5)$% RH 条件下，以 2mm/min 加荷速度进行测试	≥25
	受拉弹性模量（MPa）		≥1500
	伸长率（%）		≥1.7
	抗弯强度（MPa）		≥30 且不得呈碎裂状破坏
	抗压强度（MPa）		≥50
	无约束线性收缩率（%）	浇筑完毕养护 7d，到期立即在 $(23±2)$℃ 条件下测试	≤0.3
黏结能力	钢对钢拉伸抗剪强度（MPa）	浇筑完毕养护 7d，到期立即 $(23±2)$℃、$(50±5)$% RH 条件下以 2mm/min 加荷速度进行测试	≥15
	钢对钢对接抗拉强度（MPa）		≥20
	钢对干态混凝土正拉黏结强度（MPa）		≥2.5，且为混凝土内聚破坏
	钢对湿态混凝土正拉黏结强度（MPa）		≥1.8，且为混凝土内聚破坏
	耐湿热老化性能	在 $(50±2)$℃、$(90\sim98)$% RH 环境中老化 90d，冷却至室温进行钢对钢拉伸抗剪强度试验	与对照组相比，其强度降低率不大于 18%
	不挥发物含量（%）	$(105±2)$℃、$(180±5)$min	≥99
	可灌注性	在产品说明书规定的压力下	能注入宽度为 0.1mm

注：表中各项性能指标均为平均值。

A.2 封缝胶

1）用途

封缝胶常用于碳纤维加固或粘钢加固中混凝土粘贴面找平施工；桥梁等混凝土表面

防腐施工(防碳化、防水、防腐蚀);混凝土表面装饰防护;混凝土表面裂缝封闭;高强混凝土表面缺陷、坑洞修补。

2)性能要求

封缝胶的性能指标应符合表 A-2-1 的要求。

表 A-2-1　封缝胶的性能指标

检验项目		检验条件	合格指标
胶体性能	抗拉强度(MPa)	浇筑完毕养护7d,在(23±2)℃、(50±5)%RH 条件下,以 2mm/min 加荷速度进行测试	≥30
	受拉弹性模量(MPa)		≥1500
	伸长率(%)		≥1.5
	抗弯强度(MPa)		≥40,且不得呈碎裂状破坏
	抗压强度(MPa)		≥70
黏结能力	钢对钢拉伸抗剪强度(MPa) 标准值	(23±2)℃、(50±5)%RH	≥10
	钢对钢拉伸抗剪强度(MPa) 平均值	(60±2)℃、10min	≥12
		(-45±2)℃、30min	≥12
	钢对钢对接黏结抗拉强度(MPa)	浇筑完毕养护7d,在(23±2)℃、(50±5)%RH 条件下,按所执行试验方法标准规定的加荷速度测试	≥32
	钢对钢 T 冲击剥离长度(mm)		≤35
	钢对 C45 混凝土正拉黏结强度(MPa)		≥2.5,且为混凝土内聚破坏
热变形温度(℃)		使用 0.45MPa 弯曲应力的 B 法测定	≥60
不挥发物含量(%)		(105±2)℃、(180±5)min	≥99

注:表中各项性能指标除标有标准值外,其余均为平均值。

A.3　植筋胶

1)用途

混凝土桥梁结构植筋用胶粘剂,必须采用专门配制的改性环氧胶粘剂或改性乙烯基酯胶粘剂,其填料必须在工厂制胶时添加,严禁在施工现场掺入,不得使用以水泥和微膨胀剂为主要成分配制的锚固剂作为黏结材料。

2)性能要求

植筋用胶粘剂的性能指标应符合表 A-3-1、表 A-3-2 的要求。

表 A-3-1　改性环氧树脂类锚固用胶粘剂性能指标

性能项目		检验条件	性能要求
胶体性能	劈裂抗拉强度(MPa)	浇筑完毕养护7d,到期立即在(23±2)℃、(50±5)%RH 条件下,以 2mm/min 加荷速度进行测试	≥8.5
	抗弯强度(MPa)		≥50 且不得呈碎裂状破坏
	抗压强度(MPa)		≥65

续上表

性能项目		检验条件		性能要求
黏结能力	钢对钢拉伸抗剪强度（MPa）	标准值	(23±2)℃、(50±5)%RH	≥12
		平均值	(60±2)℃、10min	≥14
			(-45±2)℃、30min	≥14
	约束拉拔条件下带肋钢筋与混凝土的黏结强度（MPa）		(23±2)℃、(50±5)%RH	C30 φ25mm L=150mm	≥12
				C60 φ25mm L=125mm	≥18
	钢对钢T冲击剥离长度（mm）		(23±2)℃、(50±5)%RH	≤20
热变形温度（℃）			室温养护1d，40℃固化、养护48h，到期使用0.45MPa弯曲应力的B法测定	≥65
不挥发物含量（固体含量）（%）			(105±2)℃、(180±5)min	≥99

注：上表中"C30 φ25mm L=150mm"与"C60 φ25mm L=125mm"分列于同一"检验条件"列内。

表 A-3-2 改性乙烯基酯类锚固用胶粘剂

性能项目		检验条件		性能要求
胶体性能	劈裂抗拉强度（MPa）	浇筑完毕养护7d，到期立即在(23±2)℃、(50±5)%RH条件下，以2mm/min加荷速度进行测试		≥8.5
	抗弯强度（MPa）			≥50且不得呈碎裂状破坏
	抗压强度（MPa）			≥60
	无约束线性收缩率（%）	浇筑完毕养护7d，到期立即在(23±2)℃条件下测试		≤0.5
黏结能力	钢对钢（钢套筒法）拉伸抗剪强度标准值（MPa）	(23±2)℃、(50±5)%RH		≥16
	钢对钢（钢套筒法）拉伸抗剪强度平均值（MPa）	(60±2)℃、10min		≥7
	约束拉拔条件下带肋钢筋与混凝土的黏结强度（MPa）	(23±2)℃、(50±5)%RH	C30 φ25mm L=150mm	≥12
			C60 φ25mm L=125mm	≥18
	钢对钢T冲击剥离长度（mm）	(23±2)℃、(50±5)%RH		≤25
热变形温度（℃）		室温养护1d，40℃固化、养护48h，到期使用0.45MPa弯曲应力的B法测定		≥65

续上表

性能项目	检验条件	性能要求
不挥发物含量(固体含量)(%)	$(105\pm2)℃$、$(180\pm5)min$	≥99
经低周反复拉力作用后的试件黏结抗剪强度降低率(%)	$(23\pm2)℃$、$(50\pm5)\%RH$	≤50

A.4 表面处理用胶

1) 用途

表面处理用胶包括底胶和修补胶。底胶主要用于粘贴钢板或纤维复合材料前对混凝土结构表面进行强化,保证粘贴材料与混凝土之间最大应力传递,尤其适用于强度等级较低、多毛细孔的混凝土表面。修补胶与底胶应与粘贴纤维复合材料用胶粘剂相适配。

2) 性能要求

底胶的性能指标应符合表 A-4-1 的要求,修补胶的性能指标应按粘贴纤维复合材料用胶粘剂的要求确定。

表 A-4-1 底胶的性能指标

检验项目	检验条件	合格指标
钢对钢拉伸剪切强度(MPa)	(1) 试件的粘合面应经喷砂处理; (2) 试件应先涂刷底胶,待指干时再涂刷配套胶粘剂,粘合后固化养护7d,到期立即测试; (3) 测试条件:$(23\pm2)℃$、$(50\pm5)\%RH$	≥20,且为结构胶的胶层内聚破坏
钢对混凝土正拉黏结强度(MPa)		≥2.5,且为混凝土内聚破坏
钢对钢 T 冲击剥离强度(MPa)		≤25
耐湿热老化性能	(1) 采用钢对钢拉伸抗剪试件,涂胶要求同本表上栏; (2) 试件固化后,置于$(50\pm2)℃$、$(95\sim98)\%RH$环境中老化90d,到期在室温下测试其抗剪强度	与对照组相比,其强度降低率不大于10%

注:表中各项性能指标均为平均值。

A.5 粘贴钢板用胶

1) 用途

粘贴钢板用胶适用于钢板和钢板、钢板和混凝土之间的粘接。粘贴钢板用胶是双组分改性环氧树脂系胶粘剂,具有粘接能力强、常温固化等特点,在钢板与混凝土的自粘和互粘中有优异的耐老化、抗冲击性能。

2）性能要求

粘贴钢板或型钢用的胶粘剂的性能指标应符合表 A-5-1 的要求。

表 A-5-1 粘贴钢板或型钢用胶粘剂的性能指标

检验项目		检验条件	合格标准
胶体性能	抗拉强度（MPa）	浇筑完毕养护 7d，到期立即在 $(23\pm2)℃$、$(50\pm5)\%$ RH 条件下，以 2mm/min 加荷速度进行测试	≥30
	受拉弹性模量（MPa） 涂布胶		≥3500
	受拉弹性模量（MPa） 灌注胶		≥3000
	伸长率（%）		≥1.3
	抗弯强度（MPa）		≥45，且不得呈碎裂状破坏
	抗压强度（MPa）		≥65
黏结能力	钢对钢拉伸剪切强度（MPa） 标准值	$(23\pm2)℃$、$(50\pm5)\%$ RH	≥15
	钢对钢拉伸剪切强度（MPa） 平均值	$(60\pm2)℃$、10min	≥17
		$(-45\pm2)℃$、30min	≥17
	钢对钢对接黏结抗拉强度（MPa）	浇筑完毕养护 7d，到期立即在 $(23\pm2)℃$、$(50\pm5)\%$ RH 条件下，按所执行试验方法标准规定的加荷速度进行测试	≥33
	钢对钢 T 冲击剥离长度（mm）		≤25
	钢对 C45 混凝土正拉黏结强度（MPa）		≥2.5，且为混凝土内聚破坏
	热变形温度（℃）	室温养护 1d，40℃ 固化、养护 48h，到期使用 0.45MPa 弯曲应力的 B 法测定	≥65
	不挥发物含量（%）	$(105\pm2)℃$、(180 ± 5)min	≥99

注：表中各项性能指标除有标准值外，其余均为平均值。

A.6 粘贴碳纤维用胶

1）用途

粘贴碳纤维用胶是无溶剂、高渗型双组分环氧浸渍树脂胶粘剂，通常用于碳纤维布加固粘贴。桥梁承重结构（构件）加固用粘贴纤维复合材料的胶粘剂不得使用不饱和聚酯树脂、醇酸树脂等作为浸渍、粘贴胶粘剂。

2）性能要求

粘贴碳纤维用的胶粘剂的性能指标应符合表 A-6-1 的要求。

表 A-6-1 粘贴纤维复合材料用胶粘剂性能指标

检验项目		检验条件	合格标准
胶体性能	抗拉强度（MPa）	浇筑完毕养护 7d，到期立即在 $(23\pm2)℃$、$(50\pm5)\%$ RH 条件下，以 2mm/min 加荷速度进行测试	≥40
	抗拉弹性模量（MPa）		≥2500

续上表

检验项目		检验条件	合格标准
胶体性能	伸长率(%)	浇筑完毕养护7d,到期立即在(23±2)℃、(50±5)%RH条件下,以2mm/min加荷速度进行测试	≥1.5
	抗弯强度(MPa)		≥50,且不得呈碎裂状破坏
	抗压强度(MPa)		≥70
黏结能力	钢对钢拉伸剪切强度(MPa) 标准值	(23±2)℃、(50±5)%RH	≥14
	钢对钢拉伸剪切强度(MPa) 平均值	(60±2)℃、10min	≥16
		(-45±2)℃、30min	≥16
	钢对钢对接黏结抗拉强度(MPa)	浇筑完毕养护7d,到期立即在(23±2)℃、(50±5)%RH条件下,按所执行试验方法标准规定的加荷速度进行测试	≥40
	钢对钢T冲击剥离长度(mm)		≤20
	钢对C45混凝土正拉黏结强度(MPa)		≥2.5,且为混凝土内聚破坏
	热变形温度(℃)	室温养护1d,40℃固化、养护48h,到期使用0.45MPa弯曲应力的B法测定	≥65
	不挥发物含量(%)	(105±2)℃、(180±5)min	≥99

注:表中各项性能指标除有标准值外,其余均为平均值。

A.7 支座结构胶

1)用途

支座结构胶适用于支座更换中梁底预埋钢板的找平,也可用于混凝土的修补及裂缝封闭,其具有优异的抗疲劳性能。

2)性能要求

支座结构胶的性能指标应符合表A-7-1的要求。

表 A-7-1 支座结构胶性能指标

检验项目		合格标准
胶体性能	抗拉强度(MPa)	≥30
	抗拉弹性模量(MPa)	≥3200
	伸长率(%)	≥1.2
	抗弯强度(MPa)	≥45,且不得呈碎裂状破坏
	抗压强度(MPa)	≥65
黏结能力	(23±2)℃、(50±5)%RH条件下,钢对钢拉伸剪切强度标准值(MPa)	≥15
	钢对钢对接黏结抗拉强度(MPa)	≥33
	钢对钢T冲击剥离长度(mm)	≤25
	钢对C45混凝土正拉黏结强度(MPa)	≥2.5,且为混凝土内聚破坏

续上表

检验项目	合格标准
热变形温度(℃)	≥65
不挥发物含量(%)	≥99

A.8 临时调平胶

1)用途

临时调平胶广泛用于支座更换施工中千斤顶工作区的调平,其具有高强度、固化速度快等优点。

2)性能要求

临时调平胶的性能指标应符合表 A-8-1 的要求。

表 A-8-1 临时调平胶性能指标

胶体性能	2h 抗压强度(MPa)	≥25
	6h 抗压强度(MPa)	≥30
	12h 抗压强度(MPa)	≥45

A.9 维修与加固用胶粘剂使用注意事项

(1)建议存储在温度为 5~40℃、干燥通风的环境中,远离火源,避免阳光直接照射,运输过程中不得倒置、撞击及倾斜。

(2)施工场地必须保持良好的通风,现场严禁吸烟。

(3)现场施工人员应采取必要的防护措施,如佩戴护目镜、口罩和手套。

(4)若不慎将任何材料误食或溅入眼睛中,应立即就医。

附录 B 钢构件与混凝土防腐用材料

B.1 钢构件防腐涂装材料

1) 底漆

底漆的性能指标应符合表 B-1-1 的要求。

表 B-1-1 底漆的性能指标

项次	项目		技术指标		试验方法
1	项目容器中状态		搅拌均匀后无硬块，呈均匀状态；粉料呈微小均匀粉末状态		目测
2	不挥发物中金属锌含量(%)		≥80	≥75	现行《富锌底漆》(HG/T 3668)
3	耐热性(℃)		400℃,1h 漆膜完整,允许变色	250℃,1h 漆膜完整,允许变色	现行《色漆和清漆 耐热性的测定》(GB/T 1735)
4	不挥发物含量(%)		≥75	≥80	现行《色漆、清漆和塑料 不挥发物含量的测定》(GB/T 1725)
5	干燥时间	表干(h)	≤0.5	≤1	现行《漆膜、腻子粉干燥时间测定法》(GB/T 1728)
		实干(h)	≤8	≤12	
6	附着力(拉开法)(MPa)		≥5		现行《色漆和清漆拉开法附着力试验》(GB/T 5210)
7	耐冲击性(mm)		—	500	现行《漆膜耐冲击测定法》(GB/T 1732)
8	挥发性有机化合物含量(g/L)		≤480(溶剂型)	≤350	现行《色漆和清漆 挥发性有机化合物(VOC)含量的测定 差值法》(GB/T 23985)
			≤50(水性)	—	现行《色漆和清漆 挥发性有机化合物(VOC)和/或半挥发性有机化合物(SVOC)含量的测定 第2部分：气相色谱法》(GB/T 23986.2)
9	抗滑移系数	初始时	≥0.55		现行《钢结构工程施工质量验收标准》(GB/T 50205)
		安装时(6个月内)	≥0.45		

2) 中间漆

中间漆的性能指标应符合表 B-1-2 的要求。

表 B-1-2 中间漆的性能指标

项次	项目		技术指标		试验方法
1	在项目容器中状态		搅拌均匀后无硬块，呈均匀状态		目测
2	不挥发物含量（%）		≥80		现行《色漆、清漆和塑料 不挥发物含量的测定》（GB/T 1725）
3	干燥时间	表干(h)	≤4		现行《漆膜、腻子膜干燥时间测定法》（GB/T 1728）
		实干(h)	≤24		
4	弯曲试验（mm）		≤2		现行《色漆和清漆 弯曲试验（圆柱轴）》（GB/T 6742）
5	耐冲击性（mm）		500		现行《漆膜耐冲击测定法》（GB/T 1732）
6	附着力(拉开法)（MPa）		≥5	≥10	现行《色漆和清漆拉开法附着力试验》（GB/T 5210）
7	耐磨性(CS-10,1000r/1000g)（g）		—	≤0.1	现行《色漆和清漆 耐磨性的测定 旋转橡胶砂轮法》（GB/T 1768）
8	挥发性有机化合物含量（g/L）		≤250		现行《色漆和清漆 挥发性有机化合物(VOC)含量的测定 差值法》（GB/T 23985）

3) 面漆

面漆的性能指标应符合表 B-1-3 的要求。

表 B-1-3 面漆的性能指标

项次	项目		技术指标			试验方法
1	不挥发物含量（%）		≥65	≥60	≥75	现行《色漆、清漆和塑料 不挥发物含量的测定》（GB/T 1725）
2	细度（μm）		≤30			现行《色漆、清漆和印刷油墨研磨细度的测定》（GB/T 1724）
3	基料中氟含量（%）		—	≥24	—	现行《交联型氟树脂涂料》（HG/T 3792）
4	基料中硅氧键含量(全漆)（%）		—	—	≥15	现行《聚硅氧烷涂料》（HG/T 4755）
5	干燥时间	表干(h)	≤2		≤4	现行《漆膜、腻子膜干燥时间测定法》（GB/T 1728）
		实干(h)	≤24		≤12	
6	弯曲试验（mm）		≤2			现行《色漆和清漆 弯曲试验（圆柱轴）》（GB/T 6742）
7	耐冲击性（mm）		500			现行《漆膜耐冲击测定法》（GB/T 1732）

续上表

项次	项目	技术指标			试验方法
8	耐磨性(CS-10,500r/500g)（g）	≤0.06	≤0.05	≤0.04	现行《色漆和清漆 耐磨性的测定 旋转橡胶砂轮法》（GB/T 1768）
9	硬度	≥0.6			现行《色漆和清漆 摆杆阻尼试验》（GB/T 1730）
10	附着力（MPa）	≥5			现行《色漆和清漆拉开法附着力试验》（GB/T 5210）
11	挥发性有机化合物含量（g/L）	≤380	≤420	≤320	现行《色漆和清漆 挥发性有机化合物(VOC)含量的测定 差值法》（GB/T 23985）

B.2 混凝土防护涂装材料

1）混凝土防护腻子

混凝土防护腻子的性能指标应符合表 B-2-1 的要求。

表 B-2-1 混凝土防护腻子性能指标

项次	项目	技术指标	试验方法
1	容器中状态	无硬块，搅拌后呈均匀状态	—
2	施工性	刮涂无障碍	—
3	干燥时间（表干）（h）	≤5	现行《漆膜、腻子膜干燥时间测定法》（GB/T 1728）
4	初期干燥抗裂性(6h)	无裂纹	—
5	打磨性	手工可打磨	—
6	粘贴强度（MPa）	≥0.6（标准状态） ≥0.4（冻融循环 5 次）	现行《色漆和清漆 划格试验》（GB/T 9286）
7	腻子膜柔韧性	直径 100mm 无裂纹	现行《漆膜、腻子膜柔韧性测定法》（GB/T 1731）

2）底漆

底漆的性能指标应符合表 B-2-2 的要求。

表 B-2-2 底漆性能指标

项次	项目	技术指标	试验方法
1	附着力（拉开法）（MPa）	≥6	现行《漆膜、腻子膜干燥时间测定法》（GB/T 1728）
2	固体含量（%）	50±2	现行《色漆、清漆和塑料 不挥发物含量的测定》（GB/T 1725）

续上表

项次	项目	技术指标	试验方法
3	干燥时间(23℃+2℃)(h)	≤5	现行《漆膜、腻子膜干燥时间测定法》(GB/T 1728)
	表干(h)	≤2	—
	实干(h)	≤24	—
4	完全固化(h)	168	—
5	柔韧性(mm)	1	现行《漆膜、腻子膜柔韧性测定法》(GB/T 1731)
6	抗冲击性(mm)	500	现行《漆膜耐冲击测定法》(GB/T 1732)
7	试用期(23℃+2℃)(h)	≥8	—
8	耐盐水性(3%NaCl,23℃+2℃,72h)	漆膜不起泡、不脱落、不生锈、不起皱	—
9	耐湿热型(47℃±1℃,RH95%,72h)	同项次8	现行《漆膜耐湿热测定法》(GB/T 1740)
10	耐水性(23℃+2℃,72h)	同项次8	现行《漆膜耐水性测定法》(GB/T 1733)

3) 中间漆

中间漆的性能指标应符合表 B-2-3 的要求。

表 B-2-3 中间漆性能指标

项次	项目	技术指标	试验方法
1	颜色和外观	符合商家标准样板或色卡及其色差范围,漆膜平整均匀	目测
2	不挥发物(%)	≥60	现行《色漆、清漆和塑料 不挥发物含量的测定》(GB/T 1725)
3	细度(μm)	20	现行《色漆、清漆和印刷油墨研磨细度的测定》(GB/T 1724)
4	稀释稳定性	颜料没有明显沉淀,搅拌时应均匀散开	—
5	硬度	≥0.5	现行《色漆和清漆 摆杆阻尼试验》(GB/T 1730)
6	附着力(MPa)	≥0.5	现行《色漆和清漆 划格试验》(GB/T 9286)
7	耐冲击性(mm)	500	现行《漆膜耐冲击测定法》(GB/T 1732)

续上表

项次	项目	技术指标	试验方法
8	柔韧性（mm）	3	现行《漆膜、腻子膜柔韧性测定法》（GB/T 1731）
9	打磨性	适合于湿打磨,不应粘打磨砂纸	现行《涂膜、腻子膜打磨性测定法》（GB/T 1770）
10	与面漆的配套性	面漆层上下不应有因重涂引起的失光、凹陷、皱纹等	—
11	烘干性能	(130～150)℃、20min	现行《漆膜、腻子膜干燥时间测定法》（GB/T 1728）
12	耐水性	10个循环漆膜不起泡,允许变粗	50℃、8h及自然冷却16h为1个循环
13	耐碱性	24h漆膜无变化	现行《色漆和清漆 耐液体介质的测定》（GB 9274）

4）面漆

面漆的性能指标应符合表 B-2-4 的要求。

表 B-2-4 面漆性能指标

项次	项目		技术指标	试验方法
1	颜色和外观		符合商家标准样板或色卡及其色差范围,漆膜平整	目测
2	固体含量（%）		≥55	现行《色漆、清漆和塑料 不挥发物含量的测定》（GB/T 1725）
3	干燥时间	表干(h)	≤2	现行《漆膜、腻子膜干燥时间测定法》（GB/T 1728）
		实干(h)	≤24	
4	细度（μm）		≤35	现行《色漆、清漆和印刷油墨研磨细度的测定》（GB/T 1724）
5	柔韧性（mm）		1	现行《漆膜、腻子膜柔韧性测定法》（GB/T 1731）
6	附着力（拉开法）（MPa）		≥6	现行《色漆和清漆拉开法附着力试验》（GB/T 5210）
7	耐冲击（mm）		500	现行《漆膜耐冲击测定法》（GB/T 1732）
8	耐磨性(1kg·500r)（g）		≤0.05	现行《色漆和清漆 耐磨性的测定 旋转橡胶砂轮法》（GB/T 1768）

续上表

项次	项目	技术指标		试验方法
9	耐酸性(10% H_2SO_4)(h)	240h漆膜无异常		现行《色漆和清漆 耐液体介质的测定》(GB 9274)
10	耐碱性(10% NaOH)(h)			
11	可溶物氟含量(%)	—	≥20	现行《交联型氟树脂涂料》(HG/T 3792)
12	人工加速老化	1000h	3000h	现行《色漆和清漆 人工气候老化和人工辐射曝露 滤过的氙弧辐射》(GB/T 1865)
		漆膜不起泡、不剥落、不粉化。白色和浅色漆膜允许变色1级,失色1级;其他颜色漆膜允许变色2级,失光2级		

附录 C 混凝土基面含水率测定方法

C.1 目的与适用范围

（1）本方法规定混凝土基面含水率的快速测定方法。
（2）本方法适用于测定公路桥梁维修加固工程粘贴钢板、粘贴碳纤维布及混凝土表面涂装施工等情况下混凝土基面的含水率。

C.2 仪具设备要求

1）混凝土含水率快速测定仪
（1）测量水分范围：0%～40%。
（2）使用环境：-5～60℃。
（3）精度：±0.5%。
2）其他
毛刷等。

C.3 方法与步骤

1）准备工作
（1）确定测试范围：粘贴钢板、粘贴碳纤维布、混凝土表面涂装的混凝土基面等。
（2）随机选点。
（3）用毛刷清理测定位置处的污物。
2）测试步骤
（1）打开混凝土含水率测定仪，按照仪器使用说明书中的规定进行操作。
（2）将测试探头轻轻压在被测混凝土基面上，观察并记录测定仪显示数据，具体测试方法如图 C-3-1 所示。

图 C-3-1 混凝土基面含水率测试图

（3）粘贴钢板、粘贴碳纤维布和混凝土表面涂装的每一混凝土基面测试6个点,取其平均值作为测定值。

C.4 计算与报告

（1）混凝土基面含水率应按照下式计算：

$$\omega = \frac{\omega_1 + \omega_2 + \cdots + \omega_n}{n} \tag{C-4-1}$$

式中：ω——混凝土基面含水率测定值(%)；

ω_1、ω_2——分别为第1、2个测点的混凝土基面含水率值(%)；

ω_n——第n个测点的混凝土基面含水率值(%)；

n——混凝土基面含水率测定总点数。

（2）混凝土基面含水率测试报告,应记录测点位置及测点含水率值,并报告测定总点数、合格点数及合格率等。

附录 D 混凝土基面平整度测定方法

D.1 目的与适用范围

（1）本方法规定采用靠尺测定混凝土基面的平整度，以毫米（mm）计。

（2）本方法适用于测定公路桥梁维修加固工程粘贴钢板、粘贴碳纤维布及混凝土表面涂装施工的混凝土基面平整度。

D.2 仪具设备要求

（1）靠尺：铝合金钢制，底面平直，标准长度为2m，当待测混凝土基面长度小于2m时，应选用长度为50cm的靠尺。

（2）楔形塞尺：木或金属制的三角形塞尺，有手柄。塞尺的长度与高度之比不小于10，宽度不大于15mm，边部有尺寸刻度，刻度精度不大于0.2mm，也可使用其他类型的量尺。

（3）其他：毛刷等。

D.3 方法与步骤

1）准备工作

（1）确定测试范围：粘贴钢板、粘贴碳纤维布、混凝土表面涂装的混凝土基面等。

（2）测点的选择：沿待测混凝土基面长度方向中心线位置测定。选用2m靠尺时，每2m测1尺；选用50cm靠尺时，每50cm测1尺。

（3）用毛刷清理测定位置处的污物。

2）测试步骤

（1）施工过程检测时，应根据所选测点的方向，将靠尺底面靠紧被测混凝土基面。

（2）目测靠尺底面与被测混凝土基面的间隙情况，确定间隙最大位置。

（3）用有高度标线的塞尺塞进最大间隙处，量测其高度精确至0.2mm。

D.4 计算与报告

单杆检测混凝土基面的平整度计算，以靠尺与被测混凝土基面的最大间隙为测定结果。连续测定大于 2 靠尺时,判断每个测定值是否合格,计算合格率,并计算所测最大间隙的平均值。

单杆检测应随时记录测点位置及检测结果。连续测定大于 2 靠尺时,应报告平均值、不合格尺数、合格率等。

附录 E 粘贴钢板和碳纤维布面积测定方法

E.1 目的与适用范围

（1）本方法规定公路桥梁维修加固工程中粘贴有效面积的测试方法。
（2）本方法适用于测定公路桥梁维修加固工程中粘贴钢板及粘贴碳纤维布的粘贴有效面积。

E.2 仪具设备要求

（1）空鼓锤（又名：伸缩响鼓锤或钢针小锤），如图 E-2-1 所示。
（2）长度量具：钢直尺、钢卷尺。
（3）其他：粉笔等。

图 E-2-1 空鼓锤

E.3 方法与步骤

（1）根据要求确定待测试样的具体位置。
（2）用钢卷尺沿试样边缘量测试样几何尺寸，计算出试样粘贴总面积 S。
（3）用空鼓锤将试样全部敲击测定一遍，确定所测试样空鼓的数量以及空鼓的大致位置。
（4）用空鼓锤确定空鼓的具体位置，并用粉笔画出空鼓的边缘轮廓。
（5）以空鼓的边缘轮廓向外各 10cm 处为网格边缘，用粉笔将空鼓位置标记在矩形网格之中；以空鼓的中心为起点，按照 2cm×2cm 的方格向四周扩散标记至接近矩形网格内边缘为止,具体的标记方法如图 E-3-1 所示。

(6)用空鼓锤敲击每个 2cm×2cm 的方格并确定出存在空鼓的方格数。

(7)试样所有空鼓均按(3)~(6)条的试验步骤测定,记录试样空鼓总方格数 n。

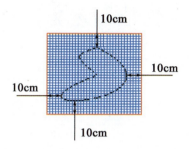

图 E-3-1　空鼓面积测试标记图

E.4　计算与报告

粘贴有效面积应按照下式计算:

$$P = [(2 \times 2) \times n] \div S \times 100 \tag{E-4-1}$$

$$D = 100 - P \tag{E-4-2}$$

式中:P——空鼓率(%);

n——空鼓总方格数(个);

S——试样粘贴总面积(cm^2);

D——粘贴有效面积(%)。

粘贴有效面积检测报告,应记录空鼓具体位置、粘贴总面积、空鼓总面积及粘贴有效面积百分率。

附录 F　纤维网格拉伸性能测定方法

F.1　目的与适用范围

（1）本试验方法规定了测试纤维网格拉伸性能的试验原理、试验设备、试件制备、试验条件、试验步骤、计算和结果处理。

（2）本试验方法适用于测定结构工程用纤维网格的拉伸强度、拉伸弹性模量及断裂伸长率。

F.2　仪具设备要求

1）试验机
试验机测试相对误差不超过 ±1%。
2）应变测量装置
用于测量纤维网格伸长的引伸计或应变片的相对误差不超过 ±1%。
3）采样频率
数据采集系统的采样频率应不小于 1Hz。

F.3　方法与步骤

根据图 F-3-1 将试件两端锚固。

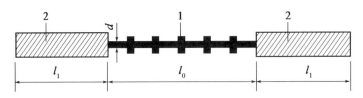

图 F-3-1　锚固示意图

1-单肢网格试件；2-锚具；d-单肢网格宽度(mm)；l_0-测试部分长度(mm)；l_1-锚固部分长度(mm)

（1）在试件的中部安装引伸计或应变片，引伸计或应变片距锚固端至少 8 倍单肢网格宽度。

（2）将试件安装到试验机上，尽量保证试件的纵轴和两端的锚具中心连线重合。

（3）在试验加载开始前启动数据采集系统记录数据。

（4）试验中应保持均匀加载，加载速率不大于 2mm/min。

(5)加载至纤维网格受拉破坏。

F.4 计算与报告

(1)荷载(应力)-应变曲线。
荷载(应力)-应变曲线由数据采集系统采集的数据得到。
(2)拉伸强度。
纤维网格拉伸强度均按下式计算：

$$\sigma_u = \frac{F_u}{A} \qquad (F\text{-}4\text{-}1)$$

式中：σ_u——拉伸强度(MPa)；
F_u——拉伸断裂荷载(N)；
A——单肢网格纤维面积(mm²)。
(3)拉伸弹性模量。
经向与纬向拉伸弹性模量均按下式计算：

$$E = \frac{\Delta F}{\Delta \varepsilon A} \qquad (F\text{-}4\text{-}2)$$

式中：E——拉伸弹性模量(MPa)；
ΔF——20%F_u和50%F_u的拉伸断裂荷载差值(N)；
$\Delta \varepsilon$——对应20%F_u和50%F_u的应变差值；
其余符号含义同上。
(4)断裂伸长率。
①当引伸计或应变片能够测量到拉伸强度时的应变时，则该应变为断裂伸长率；
②当引伸计或应变片不能测量到拉伸强度时的应变时，则断裂伸长率可通过拉伸强度和拉伸弹性模量按下式计算：

$$\varepsilon_u = \frac{F_u}{EA} \qquad (F\text{-}4\text{-}3)$$

式中：ε_u——断裂伸长率；
其余符号含义同上。
(5)试件出现以下情况视为试验无效，应从同一卷纤维网格中补做相应数量的试件，以保证经向与纬向均不少于5个有效测试数据。
①纤维网格从锚具中滑出。
②试件在距锚具2倍单肢网格宽度内发生破坏。
(6)对比纤维网格经向拉伸强度与纬向拉伸强度，取最低值作为纤维网格的拉伸强度值。拉伸弹性模量与断裂伸长率取拉伸强度取值方向的值。

附录 G 支座垫石高差测定方法

G.1 目的与适用范围

本方法规定采用数显水平尺配合楔形塞尺测量支座垫石的四角高差,以毫米(mm)计。

G.2 仪具设备要求

(1) 数显水平尺(图 G-2-1):
① 水平或垂直位置时为 ±0.1°,其他位置时为 ±0.2°。
② 显示分辨率为 0.1°。

图 G-2-1 数显水平尺

(2) 楔形塞尺:木或金属制的三角形塞尺,有手柄。塞尺的长度与高度之比不小于 10,宽度不大于 15mm,边部有高度标记,刻度精度大于 0.2mm,也可使用其他类型的量尺。
(3) 其他:毛刷、钢尺、记号笔等。

G.3 方法与步骤

1) 准备工作
(1) 用毛刷将待测支座垫石表面上的灰尘等杂物清除干净。
(2) 支座垫石中心点及四角位置的确定:用记号笔画出支座垫石的两条对角线,两条对角线的交点即为支座垫石的中心点,标记为 A,依次用笔标出支座垫石两条对角线上的四个角点,并分别标记为 B、C、D、E。

2) 测试步骤
(1) 开启数显水平尺。
(2) 将数显水平尺的一端放在支座垫石的中心点 A 上,另一端放在 B 点上。

（3）观测数显水平尺显示的水平度，若水平度为 0°，则所测点与支座垫石中心点的高差为 0mm；如数显水平尺显示水平度大于 0°，则将楔形塞尺塞入数显水平尺下的测点处，调节楔形塞尺塞入测点的高度直至数显水平尺水平度为 0° 时，读取楔形塞尺的读数，精确至 0.2mm，即为该点与支座垫石中心点的高差，如图 G-3-1 所示。

（4）重复以上操作步骤，依次测量出剩余 C、D、E 点与支座垫石中心点的高差。

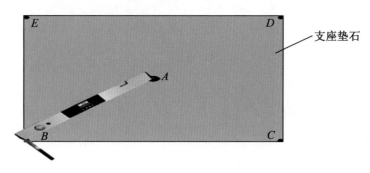

图 G-3-1　支座垫石四角高差测量示意图

G.4　计算与报告

若 4 个测点的测量值均小于 1.0mm，则取 4 个测点的平均值作为最终测量结果。若 4 个测点中有任一个测量值大于 1.0mm，则该支座垫石四角高差评定为不合格。

支座垫石四角高差测试报告应详细记录每个测点的测量值，并计算出平均值以及合格率。

附录 H 支座四角高差测定方法

H.1 目的与适用范围

本方法适用于测量公路桥梁加固工程中支座更换时的四角高差,供工程施工质量过程控制和检查验收使用。

H.2 仪具设备要求

(1)内径卡规:最小刻度 0.01mm,如图 H-2-1 所示。
(2)其他:毛刷等。

图 H-2-1 内径卡规

H.3 方法与步骤

1)准备工作
(1)根据待测支座的实际尺寸选择相应量程的内径卡规。
(2)将内径卡规百分表调零。

2)测试步骤
(1)用毛刷将支座垫石四周及其顶部和梁体下部的杂质、灰尘等清除干净。
(2)沿支座边缘将内径卡规两测头竖直放入平面均分的 4 个测点,测定内径卡规百分表读数,分别记录 4 个测点数值,具体测量如图 H-3-1 所示。
(3)所测支座 4 个测点的最大值与最小值之差即为支座的四角高差测定值。
(4)测量过程中应注意保持测头的清洁,以免产生测量误差。

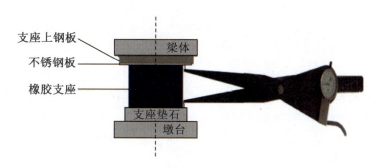

图 H-3-1　支座四角高差测量示意图

H.4　计算与报告

支座四角高差的测定值应按照下式计算：

$$h = h_{\max} - h_{\min} \tag{H-4-1}$$

式中：h——支座四角高差测定值(mm)；

$h_{\max}$——支座 4 个测点中百分表最大读数(mm)；

$h_{\min}$——支座 4 个测点中百分表最小读数(mm)。

支座四角高差测试报告,应记录 4 个点的测量值,精确到 0.01mm,计算出最大值与最小值之差,并报告测试点总数、合格点数和合格率等。

参 考 文 献

[1] 全国钢标准化技术委员会.碳素结构钢:GB/T 700—2006[S].北京:中国标准出版社,2007.

[2] 全国钢标准化技术委员会(SAC/TC 183).钢筋混凝土用钢 第2部分:热轧带肋钢筋:GB/T 1499.2—2018[S].北京:中国标准出版社,2018.

[3] 全国钢标准化技术委员会归口(SAC/TC 183).低合金高强度结构钢:GB/T 1591—2018[S].北京:中国质检出版社2018.

[4] 中华人民共和国国家质量监督检验检疫总局,中国国家标准化管理委员会.色漆、清漆和塑料不挥发物含量的测定:GB/T 1725—2007[S].北京:中国标准出版社,2007.

[5] 全国涂料和颜料标准化技术委员会(SAC/TC 5).漆膜、腻子膜干燥时间测定法:GB/T 1728—2020[S].北京:中国标准出版社,2020.

[6] 全国涂料和颜料标准化技术委员会.色漆和清漆拉开法附着力试验:GB/T 5210—2006[S].北京:中国标准出版社,2007.

[7] 全国钢标准化技术委员会(SAC/TC 183).预应力混凝土用钢绞线:GB/T 5224—2023[S].北京:中国标准出版社,2023.

[8] 中华人民共和国国家质量监督检验检疫总局,中国国家标准化管理委员会.涂覆涂料前钢材表面处理 表面清洁度的目视评定 第1部分:未涂覆过的钢材表面和全面清除原有涂层后的钢材表面的锈蚀等级和处理等级:GB/T 8923.1—2011[S].北京:中国标准出版社,2013.

[9] 全国金属与非金属覆盖层标准化技术委员会(SAC/TC 57).热喷涂金属零部件表面的预处理:GB/T 11373—2017[S].北京:中国标准出版社,2017.

[10] 全国混凝土标准化技术委员会(SAC/TC 458).预应力筋用锚具、夹具和连接器:GB/T 14370—2015[S].北京:中国标准出版社,2016.

[11] 全国钢标准化技术委员会(SAC/TC 183).建筑结构用钢板:GB/T 19879—2015[S].北京:中国标准出版社,2016.

[12] 全国钢标准化技术委员会(SAC/TC 183).预应力混凝土用螺纹钢筋:GB/T 20065—2016[S].北京:中国标准出版社,2016.

[13] 全国涂料和颜料标准化技术委员会(SAC/TC 5).色漆和清漆 涂层老化的评价 缺陷的数量和大小以及外观均匀变化程度的标识:GB/T 30789—2015[S].北京:中国标准出版社,2016.

[14] 全国钢标准化技术委员会(SAC/TC183).体外预应力索技术条件:GB/T 30827—2014[S].北京:中国标准出版社,2015.

[15] 全国纤维增强塑料标准化技术委员会(SAC/TC 39).结构工程用纤维增强复合材料网格:GB/T 36262—2018[S].北京:中国标准出版社,2015.

[16] 中华人民共和国住房和城乡建设部.混凝土结构施工质量验收规范:GB 50204—2015[S].北京:中国建筑工业出版社,2015.

[17] 中华人民共和国住房和城乡建设部.建筑工程施工质量验收统一标准:GB 50300—2013[S].北京:中国建筑工业出版社,2014.

[18] 中华人民共和国住房和城乡建设部.建筑结构加固工程施工质量验收规范:GB 50550—2010[S].北京:中国建筑工业出版社,2011.

[19] 中华人民共和国住房和城乡建设部.建设工程施工现场消防安全技术规范:GB 50720—2011[S].北京:中国计划出版社,2011.

[20] 中华人民共和国住房和城乡建设部,中华人民共和国国家质量监督检验检疫总局.工程结构加

固材料安全性鉴定技术规范:GB 50728—2011[S].北京:中国建筑工业出版社,2011.
[21] 中华人民共和国住房和城乡建设部.桥梁顶升移位改造技术规范:GB/T 51256—2017[S].北京:中国计划出版社,2017.
[22] 中华人民共和国住房和城乡建设部.城市桥梁养护技术规范:CJJ 99—2017[S].北京:中国建筑工业出版社,2017.
[23] 中华人民共和国工业和信息化部.交联型氟树脂涂料:HG/T 3792—2014[S].北京:化学工业出版,2015.
[24] 住房和城乡建设部建筑结构标准化技术委员会.无粘结预应力筋用防腐润滑脂:JG/T 430—2014[S].北京:中国标准出版社,2014.
[25] 中华人民共和国建设部.施工现场临时用电安全技术规范:JGJ 46—2005[S].北京:中国建筑工业出版社,2005.
[26] 中华人民共和国住房和城乡建设部.机械喷涂抹灰施工规程:JGJ/T 105—2011[S].北京:中国建筑工业出版社,2012.
[27] 中华人民共和国住房和城乡建设部.混凝土结构后锚固技术规程:JGJ 145—2013[S].北京:中国建筑工业出版社,2013.
[28] 中华人民共和国住房和城乡建设部.高强混凝土应用技术规程:JGJ/T 281—2012[S].北京:中国建筑工业出版社,2012.
[29] 中华人民共和国国家质量监督检验检疫总局,中国国家标准化管理委员会自密实混凝土应用技术规程:JGJ/T 283—2012[S].北京:中国建筑工业出版社,2012.
[30] 中华人民共和国交通运输部.公路桥梁技术状况评定标准:JTG/T H21—2011[S].北京:人民交通出版社,2011.
[31] 中华人民共和国交通运输部.公路桥梁加固施工技术规范:JTG/T J23—2008[S].北京:人民交通出版社,2008.
[32] 中华人民共和国交通运输部.公路工程水泥及水泥混凝土试验规程:JTG 3420—2020[S].北京:人民交通出版社股份有限公司,2020.
[33] 中华人民共和国交通运输部.公路工程质量检验评定标准 第一册 土建工程:JTG F80/1—2017[S].北京:人民交通出版社股份有限公司,2018.
[34] 中华人民共和国交通运输部.公路桥涵养护规范:JTG 5120—2021[S].北京:人民交通出版社股份有限公司,2021.
[35] 中华人民共和国交通运输部.公路养护工程质量检验评定标准 第一册 土建工程:JTG 5220—2020[S].北京:人民交通出版社股份有限公司,2020.
[36] 中华人民共和国交通运输部.公路桥梁支座和伸缩装置养护与更换技术规范:JTG/T 5532—2023[S].北京:人民交通出版社股份有限公司,2023.
[37] 全国交通工程设施(公路)标准化技术委员会(SAC/TC 223).桥梁用碳纤维布(板):JT/T 532—2019[S].北京:人民交通出版社股份有限公司,2019.
[38] 中国公路学会桥梁和结构工程分会.混凝土桥梁结构表面涂层防腐技术条件:JT/T 695—2007[S].北京:交通工业出版社,2007.
[39] 中华人民共和国交通运输部.公路桥梁钢结构防腐涂装技术条件:JT/T 722—2023[S].北京:人民交通出版社股份有限公司,2023.
[40] 中华人民共和国交通运输部.港口水工建筑物修补加固技术规范:JTS/T 311—2023[S].北京:人民交通出版社股份有限公司,2023.
[41] 中华人民共和国交通运输部.公路桥梁板式橡胶支座:JT/T 4—2019[S].北京:人民交通出版社

股份有限公司,2019.

[42] 中华人民共和国交通运输部.公路桥梁盆式支座:JT/T 391—2019[S].北京:人民交通出版社股份有限公司,2019.

[43] 江苏省质量技术监督局.公路桥梁橡胶支座更换技术规程:DB32/T 2173—2012[S].北京:人民交通出版社,2012.

[44] 江苏省质量技术监督局.公路桥梁伸缩装置病害评定技术标准:DB32/T 3153—2016[S].北京:人民交通出版社股份有限公司,2017.

[45] 江苏省市场监督管理局.高速公路桥梁支座安装施工技术规范:DB32/T 4338—2022[S].北京:人民交通出版社股份有限公司,2022.

[46] 江苏交通控股有限公司."苏式养护"标准体系:Q/JSJK YH 001—2023[S].北京:人民交通出版社股份有限公司,2023.

[47] AASHTO. Maintenance manual for roadways and bridges[S]. Washington, D.C.: American Association of State Highway and Transportation Officials, 2007.

[48] AASHTO. The manual for bridge evaluation[S]. Washington, D.C.: American Association of State Highway and Transportation Officials, 2018.

[49] ACI 318-19. Building code requirements for structural concrete[S]. Farmington Hills: American Concrete Institute, 2019.

[50] ACI 350-2006. Code requirements for environmental engineering concrete structures[S]. Farmington Hills: American Concrete Institute, 2006.

[51] 袁守国.桥梁维修加固施工标准化操作手册[M].北京:人民交通出版社股份有限公司,2020.

[52] 魏洋,纪军,张敏.FRP网格拉伸性能及加固水下混凝土试验研究[J].玻璃钢复合材料,2014(7):6.

[53] 冯晓楠,李加朋,刘朵,等.公路工程施工安全技术指标体系构建研究[J].施工技术,2020,49(S1):1342-1345.

[54] 陈江,叶李水,陈星宇,等.海洋环境下大跨径钢箱梁防腐涂装维修技术[J].施工技术,2018,47(S4):682-685.

[55] 冯晓楠,李加朋,张建东,等.公路模板支架工程施工安全指标体系构建及权重等级划分[J].公路交通技术,2022,38(2):71-79.

[56] 曹兴,魏洋,李国芬,等.钢筋混凝土桥墩加固与修复技术研究[J].施工技术,2011,40(15):60-64.

[57] 张依睿,魏洋,柏佳文,等.纤维增强聚合物复合材料-钢复合圆管约束混凝土轴压性能预测模型[J].复合材料学报,2019,36(10):2478-2485.

[58] 刘志国,申聪,朱超,等.桥梁支座更换施工关键技术及质量控制[J].散装水泥,2020(2):9-10.

[59] 柏佳文,魏洋,张依睿,等.新型碳纤维增强复合材料-钢复合管海水海砂混凝土圆柱轴压试验[J].复合材料学报,2021,38(9):3076-3085.

[60] 刘志国,王高飞,魏洋,等.水下桥梁桩基础新型压入钢套箱加固技术[J].城市道桥与防洪,2021(10):138-141,18.

[61] 罗文林,吴海林,刘志国.同步顶升技术更换连续箱梁桥支座施工方案[J].西部交通科技,2010(5):62-66.

[62] 张澄,魏洋,王志远.空心板桥铰缝采用锚固联结钢板加固技术模型试验研究[J].公路,2019,64(5):166-170.

[63] 禹智涛,韩大建.既有桥梁可靠性的综合评估方法[J].中南公路工程,2003(3):8-12.

[64] 郭大进,廖锦翔,张劲泉,等.桥梁加固维修技术应用[J].公路交通科技,2004(8):71-73.
[65] 黄民水,朱宏平.空心板梁桥"单板受力"病害机理及其加固处治研究[J].华中科技大学学报(自然科学版),2008(2):118-121.
[66] 项贻强,邢骋,邵林海,等.铰接预应力混凝土空心板梁桥的空间受力行为及加固分析[J].东南大学学报(自然科学版),2012,42(4):734-738.
[67] 艾军,史丽远.公路梁桥体外预应力加固设计与施工方法研究[J].东南大学学报(自然科学版),2002(5):771-774.
[68] 王永忠.浅谈体外预应力加固技术在公路桥梁维修加固工程中的应用[J].中国公路,2023(18):96-97.
[69] 李泳璋,吴迪.纤维网格增强砂浆加固RC双向板试验及承载力计算模型研究[J].复合材料科学与工程,2023(2):24-33.
[70] 魏洋,张希,吴刚,等.空间曲面纤维网格制作及加固水下混凝土柱试验研究.土木工程学报[J],2017,50(10):45-53,90.
[71] 魏洋,吴刚,张敏.FRP网格加固桥梁水下结构技术研究与应用[J].施工技术,2014,43(22):73-77.
[72] 邓辉.空心板梁桥碳纤维布强化加固技术[J].交通世界,2023(14):143-145,149.
[73] 陈琨.粘贴碳纤维布加固法在高速公路桥梁维修加固中的应用[J].交通世界,2021(36):61-62,79.